T0246711

SÉ BONDADOSO

Todos aquellos con los que te encuentras
están librando una dura batalla

KENNETH WAPNICK

La serie de transcripciones

VOLUMEN DOS

EL GRANO Đ MOSTAZA

Título: Sé bondadoso
Subtítulo: Todos aquellos con los que te encuentras están librando una dura batalla
Autor: Kenneth Wapnick

Título original: Be kind, for everyone you meet is fighting a hard battle
Copyright © 2022 Foundation for A Course in Miracles
Publicado originalmente en 2022 por Foundation for A Course in Miracles

Primera edición en España, marzo de 2024
© para la edición en España, Ediciones El Grano de Mostaza S.L.
Traducción: Miguel Iribarren

Impreso en España
ISBN PAPEL: 978-84-127974-6-6
ISBN EBOOK: 978-84-127974-7-3
DL: B 4091-2024

El Grano de Mostaza Ediciones, S.L.
Carrer de Balmes 394, principal primera
08022 Barcelona, Spain
www.elgranodemostaza.com

«Cualquier forma de reproducción, distribución, comunicación pública o transformación de esta obra solo puede ser realizada con la autorización de sus titulares, salvo excepción prevista por la ley. Diríjase a CEDRO (Centro Español de Derechos Reprográficos) si necesita fotocopiar o escanear algún fragmento de esta obra (‹www.conlicencia.com›; 91 702 19 70/93 272 04 45)».

SÉ BONDADOSO

Todos *aquellos con los que te encuentras están librando una dura batalla*

KENNETH WAPNICK

La serie de transcripciones

VOLUMEN DOS

Índice

Introducción

Permitidme comentar en primer lugar el título: "Sé bondadoso, porque todos aquellos con los que te encuentras están librando una dura batalla". Esta frase se atribuye a Platón o a Filón; en realidad, nadie ha encontrado la referencia en sus obras, pero, a lo largo de la historia, siempre se la ha asignado a Filón o a Platón. La mayoría de la gente sabe quién es Platón. En cuanto a Filón, fue un filósofo judío que vivió en la primera mitad del siglo I, por lo que vivió en la época de Jesús. No era de Oriente Medio; de hecho, se le suele llamar Filón de Alejandría. Fue seguidor de Platón, y pertenece a lo que en filosofía se conoce como el "platonismo medio". Básicamente tomó la obra de Platón y la amplió un poco. Y esto es todo lo que quiero decir sobre él. Pero, de todos modos, o bien lo dijo él, o tal vez lo tomó de Platón. Aunque, quienquiera que lo dijese, es una afirmación maravillosa. De nuevo: "Sé bondadoso, porque todos aquellos con los que te encuentras están librando una dura batalla".

De vez en cuando me gusta organizar una clase o un taller sobre el tema de la amabilidad. Al principio no lo hacía, pero, con el paso de los años, se hizo cada vez más evidente lo poco amables que son la mayoría de los estudiantes del *Curso*; no son diferentes de cualquier otra persona o cualquier otro grupo. Ciertamente, cabría esperar que los estudiantes del *Curso* fueran diferentes, y obviamente no lo son. Parecía que este era un tema importante que había que recordar de vez en cuando, así que, esta es otra de esas oportunidades para hablar de la amabilidad.

Horizontes perdidos: El discurso del Lama

He pensado empezar leyendo el discurso del Lama. Se trata de un precioso discurso de la película *Horizontes Perdidos*. ¿Alguien no conoce la película o la historia? Permitidme relatarla brevemente. La película se hizo en 1937 con Ronald Colman como protagonista. Está basada en la novela de James Hilton, escrita en 1933. Es increíble cuando la lees, porque parece tan actual y apropiada para lo que ocurre en el mundo de hoy.

Es el libro, y luego la película, los que han dado al mundo el nombre de *Shangri-La,* que suele utilizarse para describir una especie de paraíso. La película difiere ligeramente del libro, y en ella Ronald Colman interpreta a un diplomático británico que se encuentra en China o en algún lugar de Oriente. Él y su avión son secuestrados junto con otras personas, entre ellas su hermano. El avión termina estrellándose y un pequeño grupo los rescata y los lleva a un lugar llamado *Shangri-La,* en los Himalayas, que es una especie de paraíso.

Totalmente apartado del mundo, es un lugar muy hermoso donde existe absolutamente todo lo que cualquiera podría desear. La gente que vive allí no envejece o lo hace muy, muy lentamente. En la película, Ronald Colman va siendo introducido en todo esto. La historia es que el Lama (un "lama" es como un sacerdote tibetano) en realidad tiene más de 200 años. Había sido un sacerdote católico y encontró este lugar, y entonces se convirtió en su líder o lama. Está muy enfermo, a punto de morir, está buscando un sustituto y cree que Ronald Colman es quien le va a sustituir.

De cualquier forma, en un momento dado, ofrece el hermoso discurso que tienes delante de ti. En realidad, es bastante fiel al libro. En este, el discurso del Lama es más extenso y forma parte de un debate más largo. En la película lo condensan un poco, pero, en relación al contenido, es bastante fiel.

Finalmente, en el libro, Ronald Colman se marcha y no vuelve, mientras que en la película sí que vuelve, por tanto, esta tiene un final más feliz. Déjame leerte esto. Es una explicación de lo que es *Shangri-La* y cuál es su propósito. El Lama se dirige al personaje de Ronald Colman (creo que se llama Conway) y le explica lo que está ocurriendo:

"Me vino en una visión hace mucho, mucho tiempo. Vi que todas las naciones se fortalecían, no en sabiduría, sino en las pasiones vulgares y en la voluntad de destruir. Vi multiplicarse el poder de sus máquinas hasta que un solo hombre armado podía igualar a todo un ejército. Preveía un tiempo en el que los hombres, exultantes en la técnica del asesinato, se ensañarían con el mundo de tal manera que cada libro, cada tesoro, estaría condenado a la destrucción".

Esto fue escrito en 1933, presagiando el ascenso del nazismo y lo que más tarde se convertiría en la Segunda Guerra Mundial. Pero se puede ver que es muy, muy apropiado hoy en día.

"Esta visión fue tan vívida y conmovedora que decidí reunir todos los objetos de belleza y cultura que pudiera, y preservarlos aquí de la fatalidad hacia la que se precipita el mundo. Miren el mundo actual. ¿Existe

11

algo más lamentable? Qué locura hay, qué ceguera, qué liderazgo tan poco inteligente".

"Masas escurridizas de humanidad desconcertada chocando frontalmente entre sí, impulsadas por una orgía de codicia y brutalidad. Debe llegar el momento en que esta orgía se agote, en el que la brutalidad y el ansia de poder perezcan por su propia espada. Cuando llegue ese día, el mundo deberá empezar a buscar una nueva vida, y esperamos que la encuentre aquí. Porque aquí permaneceremos con sus libros, su música y una forma de vida basada en una simple regla: Sé bondadoso. Cuando llegue ese día, esperamos que el amor fraternal de *Shangri-La* se extienda por todo el mundo. Sí, cuando los fuertes se hayan devorado unos a otros, al menos la ética cristiana podrá cumplirse, y los mansos heredarán la tierra".

Shangri-La: el lugar de la bondad

Creo que, si lees esto y lo haces muy, muy personal, y piensas en esa sección del Manual para el Maestro, "¿Cuántos Maestros de Dios se necesitan para salvar al mundo?" (M-12) —y la respuesta es "uno"—, entonces todo aquel que es alumno de este curso tiene la capacidad de ser este *Shangri-La*. En la película y en la novela de Hilton se habla de un lugar. Tomémoslo como un símbolo, que es obviamente lo que está destinado a ser, del *Shangri-La* que hay dentro de cada uno de nosotros.

Esto es lo que significa estar totalmente en nuestra mente correcta. Tenemos el poder de ser esa presencia. Cuando toda la destrucción termine y el sistema de pensamiento del ego se haya agotado, esto es lo que quedará. Si lees el discurso del Lama y lo haces muy personal, y te ves a ti mismo como ese lugar —como ese refugio seguro, como ese lugar de bondad—, entonces esto se volverá no solo muy, muy significativo en términos del discurso, sino que tu trabajo con el *Curso* será significativo.

Este es el propósito del *Curso*: llevarnos a aprender a ser amables para convertirnos en ese lugar de refugio al que todos puedan venir. Este sería el recordatorio no en el nivel del cuerpo, no en un lugar, ni siquiera en el tiempo, sino en la mente de todos. Piensa en alguien como Jesús, aunque obviamente él no es el único símbolo. Cuando piensas en alguien como Jesús, él es ese *Shangri-La;* el epítome de la bondad que llama a cada uno de nosotros en medio de la destrucción y el exterminio que se describe aquí; llamándonos a todos a recuperar la cordura. Es obvio que el mundo gira descontrolado en un pantano de locura, crueldad, vileza y falta de piedad: una auténtica locura. Y todo lo que cualquier persona en el mundo hace, a cualquier nivel, no consigue sino aumentar la locura, que sigue reforzándose a sí misma.

Tiene que haber un lugar de cordura que inste a la gente a elegir de nuevo. Cada uno de nosotros está destinado a ser ese lugar de cordura. Por eso la respuesta a esa pregunta del Manual (M-12) es "uno". Solo se necesita un maestro de Dios para salvar al mundo, y pensar que ese "uno" es una persona separada o diferente de ti es no entender nada.

Ese "uno" no es una persona. Jesús nunca se dirige a las "personas". La creencia en que "somos una persona" es la que dio comienzo a toda esta locura en el mundo tal como lo conocemos. La necesidad de preservar esa *cualidad de ser una persona* es lo que lanza una guerra tras otra y un arma de destrucción tras otra. Jesús no está hablando a las personas de convertirse en personas; está hablando a una mente: recordándole a esa mente que necesita curación, y estableciendo un programa (lo que es este curso) para ayudarnos a reeducar nuestra mente de modo que podamos aceptar la curación que ya está ahí.

Una forma de describir ese programa es aprender a ser amable. El núcleo de aprender a ser amable es exactamente lo que Platón o Filón dicen: "Todos aquellos con los que te encuentras están librando una dura batalla". Todos estamos luchando la misma dura batalla. ¿Cómo lidiamos con el odio que llevamos dentro? ¿Cómo lidiamos con este profundo odio a nosotros mismos que llevamos dentro? ¿Cómo lidiamos con todo el miedo que nace de este odio y esta culpa? ¿Cómo lidiamos con esta profunda irracionalidad que nos atenaza como individuos y atenaza a nuestros líderes y al mundo en general? Ya sean líderes de naciones-estado o líderes de grupos raciales, de grupos religiosos o grupos sociales, *todos* están locos.

Como se dice aquí, "todos están impulsados por una orgía de codicia y brutalidad". Es una frase maravillosamente descriptiva de en qué se ha convertido nuestro mundo. Pero el mundo siempre fue así, porque el sistema de pensamiento era así desde el principio. Es solo que ahora es muy difícil no darse cuenta de lo que está pasando en el mundo. En el pasado era fácil pues no teníamos las comunicaciones actuales. La mayoría de la gente no sabía lo que pasaba, aunque tuviera que ver con ellos como ciudadanos de un país. Pero ahora es muy difícil no darse cuenta. Necesitamos desesperadamente un poco de cordura, pero la cordura no puede estar en una persona individual.

Se trata de la cordura que está en nuestras mentes. Por eso el libro se llama *Un curso de milagros*, porque el milagro nos devuelve a la mente. No es nada externo. No tiene nada que ver con los cuerpos. No tiene nada que ver con hacer cosas amables o comportarse de forma amable. Se trata de un *pensamiento* de bondad.

Por eso la bondad es tan difícil, y por eso es tan fácil pasarla por alto, incluso entre los estudiantes más aplicados de un curso cuyo único objetivo es aprender a perdonar; porque no somos conscientes de que la amabilidad comienza con un *pensamiento* amable. No se trata del comportamiento. No se trata de ayudar a los ancianos a cruzar la calle o de ser amable con las personas que sufren. Sin duda, estos serían subproductos, pero eso no es la bondad de la que hablamos. La bondad es la decisión que toma la mente de identificarse con el *pensamiento* bondadoso.

La dura batalla que todos están librando: El pecado y el egoísmo

Y, por supuesto, la palabra clave en esta cita es *todos*. *Todas las personas* que conoces están librando una dura batalla. Como sabes, por haber trabajado y estudiado el *Curso*, el sello distintivo del perdón es que perdonas sin excepción. Perdonamos "sin excepción". Esta es una frase que utiliza el *Curso* (L-pII.9.1:3).

Siempre cito una línea del primer poema de Helen, "Los Regalos de Navidad". "Cristo no pasa de largo ante nadie. Por eso sabes que es el Hijo de Dios" (*The Gifts of God*, p. 95). Cristo no pasa de largo ante nadie porque todos los presentes están librando una dura batalla. Aquí todos sufren, no solo los que sufren físicamente. Si vas a practicar este curso correctamente y aprender de él para convertirte en el *Shangri-La* que Jesús quiere que seamos (en otras palabras, un maestro avanzado de Dios), debes comprender y saber de verdad —no solo intelectualmente— que las personas que infligen sufrimiento están sufriendo tanto como las personas a las que infligen ese sufrimiento.

Si no ves esto y no lo *sientes*, estás condenado a la misma locura a la que están condenados todos los demás en este mundo, y entonces literalmente no hay esperanza, y este curso que realmente ofrece esperanza en un mundo desesperado no tiene sentido. Debes ver que *todas* las personas que conoces, todas las que ves, todas aquellas de las que oyes hablar, sobre las que lees en las noticias, con las que vives y trabajas están librando una dura batalla.

La batalla es: "¿Cómo sobrevivo conmigo mismo?". En realidad, esta es la dura batalla. "¿Cómo sobrevivo con este yo desgraciado, con este yo asesino, pecador y lleno de culpa que soy, al que no le importa nada ni nadie más?". Por eso al mundo no le importan los demás. Por eso los gobiernos no se preocupan por nadie, ni siquiera por sus propios ciudadanos. *Nadie* se preocupa por nadie porque esa es la autoacusación que dio origen al sistema de pensamiento del ego. "No me importa el Cielo.

No me importa el amor. No me importa Dios. Solo me importa mi propio yo, y asegurar y preservar esta identidad individual. Eso es lo único que me importa".

Eso es todo lo que el ego es, y todos somos hijos de ese pensamiento. Todos somos sombras fragmentarias cortadas literalmente de la misma tela de esa idea: "Esto es lo que soy. No es solo que haya pecado; yo *soy* el pecado". Es muy útil personalizar el *Curso* —de lo contrario no significa nada— y darse cuenta de que el pecado puede equipararse al egoísmo. Quizás la gente no se identifique con el pecado, puede que no entienda lo que significa el pecado, pero todo el mundo sabe lo que es el egoísmo, incluso cuando sentimos la tentación de verlo solo en otras personas.

En el fondo sabemos que los egoístas somos nosotros. Solo nos preocupamos por "yo, mí, y lo mío". No nos importa nadie más. Esto es lo que dio origen al ego y lo que dio origen a este mundo. ¿Cómo puedes ser amable entonces? Esa falta de amabilidad inherente dice: "No me importas. Solo me importo yo mismo. No me importas Tú, Dios. No me importa Tu Amor. Solo me importan *mis* necesidades. Solo me importa la supervivencia de mi yo individual. Y si eso significa que Tú tienes que perecer y que el amor del Cielo se rompa, que así sea. Que así sea. Lo único que *me* importa soy yo".

Esta es la falta de bondad inherente, el egoísmo inherente a todos. Si no te ocupas de él, la bondad es imposible. Puedes ser tan amable conductualmente como te sea posible, el mundo puede darte premios Nobel una y otra vez, pero en el fondo sabrás que eres un mentiroso. Porque estás cubriendo tu falta de amabilidad con comportamientos y acciones amables.

Bondad: Dejar ir el daño/la falta de amabilidad

Dentro del Manual para el Maestro, en las "Características" de los maestros de Dios avanzados, la cuarta es la "Mansedumbre", que podríamos equiparar con la amabilidad. La amabilidad no es una de las características, pero obviamente la "gentileza" es equiparable a ella. Al leer esta parte, ves que Jesús no habla de "gentileza". Habla de dejar de hacer *daño*. Comienza así:

(M-4.IV.1) **Para los maestros de Dios el daño es algo imposible. No pueden infligirlo ni sufrirlo. El daño es el resultado de juzgar. Es el acto deshonesto que sigue a un pensamiento deshonesto. Es un veredicto de culpabilidad contra un hermano y, por ende, contra uno mismo.** [No dice nada de la gentileza. Habla sobre el daño y dejar de dañar]. **Representa el fin de la paz y la negación del aprendizaje.** [Eso es lo que es el "daño"]. **Demuestra la ausencia del plan de estudios de Dios y su sustitución por la demencia. Todo maestro de Dios tiene que aprender —y bastante pronto en su proceso de formación— que hacer daño borra completamente su función de su conciencia. Hacer daño lo confundirá, le hará sentir ira y temor, así como abrigar sospechas. Hará que le resulte imposible aprender las lecciones del Espíritu Santo. Tampoco podrá oír al Maestro de Dios** [es decir, al Espíritu Santo], **Quien solo puede ser oído por aquellos que se dan cuenta de que, de hecho, hacer daño no lleva a ninguna parte y de que nada provechoso puede proceder de ello.**

Ese es todo el primer párrafo; ni una palabra sobre la "amabilidad", aunque esa sea la característica, reflejada solo en la última frase:

(M-4.IV.1:12) Los maestros de Dios, por lo tanto, son completamente mansos.

Y luego sigue. Pero el preludio para ser gentil, el prerrequisito para serlo es desprenderse del daño. El preludio para ser amable y reconocer la verdad del comentario de Platón/Filón es: debo reconocer cómo quiero separarme de la Filiación. Eso es el daño, eso es el ataque, eso es la falta de bondad. Soy amable con algunas personas, pero no con otras. Me siento mal por algunas personas que sufren, pero no me siento mal por las que infligen el sufrimiento. De hecho, quiero hacerles sufrir, sin darme cuenta de la locura que eso supone.

En otras palabras, la bondad solo puede practicarse cuando reconoces que nace del reflejo de la Unidad del Cielo. La práctica de la bondad —si es verdadera bondad— debe nacer de la comprensión de que todos somos uno. No tengo que saber que todos somos uno en el Cielo. Solo debo saber que todos somos uno porque todos estamos librando una dura batalla. Y entonces darme cuenta de cuánto *no quiero* reconocer eso; cuánto quiero ser un ejemplo del sustituto del Cielo, que es la separación, que es ser especial. Por lo tanto, eso es ataque, falta de amabilidad, daño.

La única manera de ser verdaderamente útil, como dice esa hermosa oración en (T-2.V.18:2-6), es darse cuenta de lo *poco* útil que quiero ser, de lo poco amable que quiero ser. Jesús nos pide que seamos este microcosmos de bondad, igual que el Lama dice que *Shangri-La* se ha convertido en eso. En este mundo de locura y destrucción masiva hay un lugar en el que rige la amabilidad. Una vez más, llévalo a tu corazón y ve que Jesús nos está pidiendo que seamos este lugar de bondad en nuestras mentes en medio de toda la destrucción, el odio, el sufrimiento y la matanza que nos rodea; en medio de todo el egoísmo que nos rodea. Se nos pide que seamos este lugar.

El Código Da Vinci-El Santo Grial
La "línea mental" de amor

Estos días todo el mundo habla del *Código Da Vinci* y todo lo que le rodea, y acaba siendo un sinsentido total porque todo gira en torno al cuerpo. Pero hay una forma correcta de verlo. El libro se centra en la idea de que el cáliz, o el Santo Grial, no es una cosa, sino una línea de sangre. Si estás familiarizado con el libro o la película, la idea es que Jesús tuvo un hijo con María Magdalena, con quien estaba casado, y ese niño dio lugar a más y más niños, y existe una línea de sangre. Eso es el Grial. Si te alejas de la comprensión física obvia de esta idea —que de nuevo pasa por alto el punto clave sobre Jesús y el amor—, lo ves: ves que somos el Grial. Somos el *Shangri-La*. No somos la línea de sangre de Jesús, que es una tontería. Somos la línea *mental* de Jesús. Acabo de canalizar eso. [Risas]. Somos la línea mental, que es amor.

Esta es la clave de este curso, y por eso no hay nada aquí sobre Jesús como persona. Hay algunas referencias a las historias bíblicas, pero nada sobre Jesús como persona. Porque su persona —quienquiera que fuese— es totalmente irrelevante. Lo que queremos es la *mente* de Jesús. Eso es lo que quiere decir, en una corrección obvia a la visión católica de la Eucaristía, cuando dice: "Mas ¿iba acaso a ofrecerte mi cuerpo a ti a quien amo, *sabiendo* lo insignificante que es?". (T-19.IV.A.17:5)

Más bien, os ofrezco mi *mente*. Eso es lo que te ofrezco, no mi cuerpo. Te ofrezco mi mente porque es *tu* mente. La única diferencia entre tú y yo, nos dice, es que yo sé que mi mente es Amor. Tú aún no lo sabes. Pero lo es, porque, si mi mente es Amor y la Mente de la Filiación es una, entonces tu mente también debe serlo.

A eso se refiere cuando nos dice que *estabas conmigo cuando me elevé* (C-6.5:5). *Cuando desperté del sueño* (esto no tiene nada que ver con la historia bíblica de la ascensión) *de la muerte, tú estabas conmigo, porque la Filiación es una. Solo pensáis que está fragmentada. Solo piensas que soy diferente de ti, pero mi amor es tu amor.*

Somos esa línea mental; somos ese Santo Grial. Somos ese *Shangri-La,* solo que no lo sabemos. El propósito de este curso es enseñarnos que somos eso. El problema es que creemos que somos el hogar del mal, de las tinieblas y del pecado, no de la luz, la dicha y la paz, como dice la Lección 93. No somos el hogar de la luz, la dicha y la paz. No somos el hogar de la santidad. Ciertamente no somos el hogar de la bondad. Somos el hogar del mal, de las tinieblas y del pecado. Eso es lo que creemos. Así empieza la lección.

(L-pI.93.1:1) **Crees ser la morada del mal, de las tinieblas y del pecado.**

Bueno, eso tiene que ser cierto para todos nosotros, de lo contrario no estaríamos aquí. La diferencia con Jesús, o como quiera que se llamara, es que él sabía que no estaba aquí. Nosotros pensamos que estamos *aquí* y pensamos que otras personas están *aquí*. De hecho, creemos que hay *gente* aquí. Bien, una vez que aceptamos eso, y eso es lo que creemos, estamos diciendo: "Yo también creo que soy la morada del mal, las tinieblas y el pecado", porque los hijos de la luz, la dicha y la paz permanecen en la luz. No vienen aquí. No suscriben ni se identifican con un sistema de pensamiento de oscuridad, pecado, culpa y miedo, separación, ataque y muerte. Y ciertamente no se identifican con un cuerpo que es la proyección de ese sistema de pensamiento de pecado, culpa y miedo, separación y muerte. Permanecen en la luz.

Por lo tanto, necesitamos un sistema de pensamiento y necesitamos un maestro que corrija este autoconcepto erróneo. Sin corregir el autoconcepto erróneo no podemos ser amables y la visión del Lama seguirá siendo solo una visión. La visión de Jesús en *Un curso de milagros* seguirá siendo solo una visión, algo muy bonito, algo muy hermoso, algo a lo que aspirar, pero que nunca se realizará.

Debemos abrirnos paso más allá de los símbolos del mundo hacia la realidad que está más allá, y hay dos grupos de símbolos: los símbolos de la mente errada y los de la mente correcta. Nuestra realidad está más allá de ambos. Necesitamos los símbolos de la mente correcta, como los que nos ofrece este curso: Jesús como maestro, el Espíritu Santo como maestro hablándonos de Dios como una persona, hablando de nosotros como personas, hablando de nosotros como personas que tienen que perdonar. Estos son símbolos de la mente correcta para corregir los símbolos de la mente errada del ego, que nos muestran a Dios como una persona que es un infierno sobre ruedas, furioso, maníaco, empeñado en la venganza, y Jesús es su agente.

Necesitamos un conjunto de símbolos de mentalidad correcta que corrija el conjunto de símbolos de mentalidad errada y así poder ir más allá de ambos hacia nuestra realidad. La bondad es un símbolo de la mente correcta que corrige la falta de bondad del ego. Todo el proceso que se nos da en este curso es el proceso de llevar la oscuridad a la luz, la ilusión a la verdad, la mente equivocada a la mente correcta. Ese es el proceso, lo que significa que debemos examinar la mente errónea.

Volviendo al tema central, no hay forma de que seamos amables hasta que primero miremos la falta de amabilidad. Una forma de saber si estás siendo poco amable es no suscribir lo que dice esta cita: "*Todos aquellos* con los que te encuentras están librando una dura batalla". Si no lo crees, no lo experimentas ni lo pones en práctica, entonces sabes que no estás siendo amable. Si excluyes a una persona, a una raza, a un grupo político, a un grupo social, a un grupo religioso, a alguien, a un género, a una preferencia sexual, si excluyes a *cualquiera* de esta afirmación, no estás siendo amable. Entonces tienes que volver atrás, y ahí es cuando le pides ayuda a Jesús o al Espíritu Santo para ver esa falta de amabilidad.

Cuando te encuentras criticando a alguien, ya sea alguien a quien crees que amas o alguien a quien crees que odias —una figura pública, una figura personal—, entonces estás diciendo: "No todos aquellos con los que me encuentro están librando una dura batalla; solo algunos". En realidad creemos que solo hay una persona librando una dura batalla. "Nadie sabe lo que sufro. Nadie sabe cuánto han abusado de mí. Nadie sabe por lo que he pasado; ¡si lo supieran!".

Esa es la auténtica verdad del sistema del ego: solo hay una persona librando una dura batalla. Así es como sabes que hay algo muy, muy podrido en tu mente. Ese es el significado de pedir ayuda a Jesús o al Espíritu Santo, para que crezcas en esta afirmación de que todas las personas que conoces están librando una dura batalla, sin excepción.

Preguntas

Pensamientos Amables-Comportamiento Amable

P: ¿Estás diciendo que solo es necesario tener pensamientos amables pero no un comportamiento amable?

K: No, no estoy diciendo que solo sea necesario tener pensamientos amables y no un comportamiento amable. Quizás no lo he dicho explícitamente. Lo que estoy diciendo es que, cuando tienes pensamientos amables, tu comportamiento será automáticamente amable. En el otro sentido no funciona. Si tienes un comportamiento amable, no significa necesariamente que tengas pensamientos amables. Si te empeñas en ser amable, entonces sabes que esa amabilidad no viene de tener pensamientos amables.

Pero, cuando tus pensamientos son verdaderamente amables, lo que significa que has traído *la falta de amabilidad* al amor sanador del Espíritu Santo o Jesús en tu mente, entonces todo lo que digas y hagas será amable. Ni siquiera tendrás que preocuparte o pensar en cómo ser amable. No podrías no ser amable. Si los pensamientos dañinos se han ido, si todos los pensamientos separadores y especiales se han ido, lo que queda es amor. Ese amor es lo que guía todo lo que haces y dices.

El médico que se implica en la curación de sus pacientes

P: Como médico, cuando hago algo por mi paciente, la recompensa que busco es que mejore. Cuando no mejoran, me disgusto. ¿En realidad debería darme igual? ¿No estoy siendo verdaderamente amable porque solo lo hago porque quiero sentirme mejor?

K: Estás siendo un médico cruel y mezquino, ¿lo sabes? Horrible. [Risas].

P: Sí, siempre lo he sospechado.

K: ¡Qué vergüenza! [Risas]. Sí, eso es porque lo que estás diciendo es: "Mi felicidad y mi paz dependen de que mis pacientes mejoren". Obviamente, si ejerces una profesión en la que ayudas a otros, quieres que las personas a las que ayudas mejoren. Si ayudas a una persona de tu familia, quieres que mejore. Es normal, es de sentido común. *Pero*, cuando inviertes en que mejore, es cuando cruzas la línea. Cuando tu paz interior se ve amenazada porque otra persona no hace lo que le sugieres o no mejora cuando le prescribes ciertos medicamentos, o procedimientos, o lo que sea, entonces sabes que tu ego está implicado y ahí es donde *tú* necesitas un médico.

Por eso, el folleto de Psicoterapia termina con un párrafo que dice: "Médico [...] cúrate a ti mismo" (P-3. III.8:1). Ahora bien, no hay que tirar al niño junto al agua de la bañera. No significa que no seas un médico útil, etcétera. Pero eso debería decirte (y deberías estar agradecido de que te lo diga) que "aún no estoy curado". Puede que esté en el camino, pero aún no he llegado. Todavía hay puntos de oscuridad que se interponen con este amor libre, este amor total que podría fluir libremente a través de mí.

Lo que realmente cura a tus pacientes no es tu brillantez como médico. Lo que cura a tus pacientes es el amor desinteresado que demuestras en tu consulta. Eso es lo que realmente ayuda a la gente. No es una cosa o la otra. Al mismo tiempo que ayudas a sus cuerpos, sabes que realmente estás ayudando a un nivel más profundo y eso es lo más importante para ti. Pero no puedes hacerlo si *inviertes* en que tus pacientes mejoren.

Haber hecho esa "inversión" no significa que no quieras que mejoren. Significa que tu paz no se ve amenazada si no mejoran. Y te sientes feliz y alegre cuando mejoran. De nuevo, esa es la señal de alarma, la bandera roja que dice: "Todavía tengo trabajo pendiente, porque significa que creo que la curación que se está produciendo en mi consulta tiene que ver con mi brillantez, mi habilidad y experiencia como médico, no como un Hijo de Dios, no como presencia de ese Santo Grial o ese *Shangri-La* interior".

La manera de tenerlo todo a tu favor es practicando lo que hayas aprendido —ya sea que lo hagas como profesión o solo lo hagas como amigo, familiar, colega o lo que sea—, ejecutando la forma con profesionalidad, sabiendo que no es ahí donde está la clave, sabiendo que eso es solo una excusa. Es solo una forma de llevar al paciente a tu consulta para poder enseñarle una lección mucho más importante y proporcionarle una experiencia de curación mucho más profunda, que es: "Tú y yo no estamos separados".

El cuerpo y el sufrimiento

Estás librando una dura batalla y crees que tiene que ver con tus síntomas. Yo también estoy librando una dura batalla, porque ambos estamos atascados en la creencia de que somos cuerpos, condenados a vivir y morir en este cuerpo, sin poder recordar quiénes somos realmente. Lidiar con eso, lidiar con este encubrimiento masivo de tratar de negar quiénes somos —bien como un yo de mente errada, como un yo de mente correcta y como un Yo de la única mente—…, el esfuerzo invertido en eso es *agotador*. Es un encubrimiento enorme.

Eso es lo que el mundo entero es. Eso es lo que el cuerpo es, un encubrimiento masivo. En parte, el mundo triunfa de manera tan brillante porque tomamos el sufrimiento que todos tenemos en la mente (pues todos venimos de la misma culpa; como Cristo, venimos del mismo amor, pero, como yoes separados, como egos, venimos de la misma culpa; todos sufrimos por eso), y lo que hacemos es proyectar el sufrimiento, lo fragmentamos, y pensamos que solo sufren ciertos grupos y nos identificamos con ellos: "Oh, pobre, pobre, querido mío".

Lo que Jesús está tratando de enseñarnos en este curso, y Filón o Platón trataron de enseñarnos hace milenios, es que aquí todo el mundo sufre. No todos sufren de la misma manera en el nivel del cuerpo, pero *todos* sufren aquí *porque* creen que son cuerpos. Como siempre digo, nunca entenderás este curso, ni siquiera llegarás a la primera base[1] de este curso, si piensas que tiene que ver con los cuerpos, si piensas que Jesús es un cuerpo, si piensas que el Espíritu Santo es un cuerpo, si piensas que *Dios* es un cuerpo, si piensas que Dios es una Persona, si piensas que Dios tiene un Nombre, si piensas que Dios te conoce, si piensas que *Jesús* te conoce como un cuerpo.

No entenderás en absoluto que todo esto tiene que ver con la *mente*. Ahí es donde se tomó la decisión a favor de la culpa, y por lo tanto del sufrimiento y el dolor. Ahí es donde se toma la decisión a favor de la Expiación, que conduce a la paz y al amor. Ahí, en la mente, es donde está la clave, no en el cuerpo.

Los cuerpos son dispositivos de distracción *extraordinariamente* eficaces. No es solo que sean eficaces porque nos distraen del sufrimiento de la mente, que trasladan al cuerpo, sino que ocultan el hecho de que la mente eligió —no fue el sufrimiento quien eligió—, eligió la separación, que es la causa del sufrimiento. Los cuerpos mantienen viva la separación en el mundo, no en la mente. Y lo hacen haciéndonos creer que el sufrimiento es lo que marca la diferencia. Algunas personas sufren más que otras. Hay una jerarquía de sufrimiento. De hecho, creemos que las personas que sufren físicamente a manos de los crueles y despiadados sufren más que esos que infligen el sufrimiento, porque eso es lo que *parece*.

---

1. Referencia al juego de béisbol (N. del t.).

"Nada es tan cegador como la percepción de la forma" (T-22.III.6:7); nada tan cegador como la percepción del sufrimiento. Que no veamos sufrir a alguien no significa que no esté sufriendo. Cuando miramos a través de los ojos del cuerpo, los ojos del cuerpo solo ven cuerpos. Las personas que lanzan las bombas no parecen sufrir como las personas sobre cuyas cabezas caen las bombas. *Error.* Todo el mundo sufre. Sí, los cuerpos sufren de forma diferente, pero nosotros no somos cuerpos.

Por eso nunca entenderás este curso, y no entenderás el sufrimiento, y ciertamente no entenderás la bondad si la identificas con un cuerpo y con lo que un cuerpo le hace a otro cuerpo. En el cuerpo no pasa nada. Los cuerpos no sufren. Sufren dentro del sueño, pero eso es parte de la ilusión. Esa es la alucinación. Esa es la estrategia del ego para convencernos de que el sufrimiento está en el cuerpo. Por eso creó el cuerpo. Por eso creó cuerpos *separados*. Por eso la primera ley del caos (a la que responde el primer principio de los milagros) es que "hay una jerarquía de ilusiones" (T-23.II.2:3). Hay una jerarquía de bondad y maldad. Hay una jerarquía de sufrimiento. Existe una jerarquía. Hay *diferencias.*

Muchas de las lecturas de la lista de lecturas sugeridas tratan sobre cómo el ego se nutre de la percepción de diferencias. Los cuerpos son diferentes, de eso no hay duda. Nuestros ojos y cerebros están hechos para ver las diferencias y responder a ellas. Creemos que existe una jerarquía de sufrimiento. No nos damos cuenta de que los victimarios sufren tanto como las víctimas. Los opresores, las personas despiadadas y crueles, sufren tanto como las víctimas.

Si no lo crees, si no lo entiendes, *no hay forma* de que puedas ser bondadoso. No hay forma de que puedas perdonar. No hay forma de que puedas pedir ayuda a Jesús de manera significativa porque le estarás pidiendo que perpetúe la mentira de las jerarquías. "Por favor, Jesús, ayuda a esta pobre gente que sufre". Bueno, si no incluyes a *todos* en eso, entonces no le estás pidiendo ayuda a Jesús. Le estás pidiendo ayuda a tu *ego*, vistiéndolo con una túnica blanca y un rostro radiante. Ese es el Jesús al que adorarás porque ese es el Jesús que salva a la gente tal como tú quieres salvarla; se trata de salvar a *algunos*, porque no te das cuenta de que *todos* están librando la misma dura batalla.

¿Por qué sufren los victimarios?

P: ¿Por qué sufren los victimarios?

K: *¿Por qué* sufren los victimarios? Porque no podrías infligir daño a alguien a menos que creyeras que estás en peligro, y de alguna manera creyeras que el principio de *uno o el otro* vendrá a rescatarte. Si te pego porque mereces que te peguen, eso significa que ahora mi culpa está en ti, no en mí. Soy libre y ahora actúo en nombre de Dios. Y, por supuesto, sabemos que algunas personas hacen esto literalmente. O creen que en efecto, literalmente (no solo psicológica, sino literalmente) creen que están actuando en nombre de Dios. Están castigando a los pecadores, lo que implica que yo estoy fuera de peligro, y eso significa que mi culpa, que es la fuente de mi sufrimiento, está aún más enterrada pues estoy muy seguro de que tengo razón.

P: Pero probablemente ellos no sienten esa culpa.

K: No, no la sienten; eso es, por supuesto, lo que dice la gente. "Bueno, no parece que sientan culpa". Si escuchas hablar a los jefes de Estado (y no solo ahora; a lo largo de la historia), no parece que se sientan culpables. Cuando los cristianos asesinan a gente, cuando lanzan cruzadas e inquisiciones, no parece que se sientan culpables porque están haciendo "La obra del Señor". Y tienen las palabras que lo demuestran, las que ellos mismos escribieron.

P: ¿Pero qué siente un individuo después de pegar a una pobre anciana?

K: Bueno, depende de lo que entiendas por "sentir". Puede que no sientan culpabilidad conscientemente. Una de las formas de describir a los sociópatas (cuando yo estudiaba se les llamaba "psicópatas", ahora los llaman "sociópatas") es que hacen actos antisociales pero no se sienten culpables. Pues bien, eso es una tontería. Puede que no se sientan culpables conscientemente, pero su mente, que es de lo que estamos hablando, es el *hogar* de la culpa.

P: ¿Su mente ya se sentía culpable antes de que actuaran?

K: Exacto, y ahora simplemente lo refuerzan. No estamos hablando de la culpa que siente un individuo, porque no hay individuo. Eso es lo que quería decir antes. *Debes* reconocer que esto solo tiene que ver con la mente. No creas lo que te dicen los ojos. No creas lo que te dice el cerebro. No creas lo que tu cerebro te dice que este *curso* dice, porque los cerebros fueron hechos para *mentir*, así como nuestros órganos sensoriales fueron hechos para aportarnos datos que son falsos. Porque los datos sensoriales dicen que hay un mundo ahí fuera.

¡La ciencia miente! Cualquiera que estudie el mundo exterior y piense que significa algo, *miente*. "Nada es tan cegador como la percepción de la forma" (T-22.III.6:7). Esto se refiere solo a la *mente*. Así que las personas pueden no parecer culpables. Eso se debe a que solo estás viéndolas como cuerpos; no estás viendo la mente. No hay nada más que mente.

"No hay mundo"

El problema, de nuevo —y ahora puedes empezar a verlo—, es que todos en esta sala piensan que están en esta sala, y pensamos que estamos sentados en ella como personas separadas. Esa es la mentira. Así es como sabes que la percepción miente. Aquí *no hay* un mundo. La mayoría de vosotros conocéis la Lección 132, que dice: "¡El mundo no existe!" (L-pI.132.6:2). Y explica por qué no existe: porque "Las ideas no abandonan su fuente" (T-26 VII.4:7, L-pI.132.5:3,10:3).

Los estudiantes leen esas palabras, ¡pero en realidad creen que están leyendo esas palabras! Si no hay mundo, no hay cuerpo. Si no hay cuerpo, no hay un *tú* que se llame a sí mismo "estudiante de *Un curso de milagros*" y que esté leyéndolo y tratando de entenderlo con un cerebro que, según el mismo libro, no piensa. Pero eso no te impide tratar de pensar con tu cerebro y luego pensar realmente que lo que estás pensando significa algo.

Eso es lo que hace que este curso sea tan difícil. Pero también es la razón por la que es la única esperanza. *No hay esperanza* en este mundo. Castigar a los "malos", sean quienes sean los "malos", no es la respuesta. Aquí no hay esperanza. ¡Lo que hay es un "hombre malo" castigando a otro hombre malo! Ahora bien, no es así como lo ve Jesús, pero así es como lo *vemos nosotros*, de lo contrario no castigaríamos a nadie. Lo único que ve Jesús es que *todo el mundo* está librando la misma dura batalla. Y, en efecto, ese "todo el mundo" no existe; solo hay *uno*. Solo hay un Hijo que se cree que es todo el mundo, o parte de todo el mundo. Solo hay un Hijo que se *cree* un fragmento, pero no hay fragmentos. Hay un solo Hijo.

Cada vez que pienses que hay niveles de maldad o niveles de bondad o niveles de sufrimiento, entonces debes ir a tu interior y pedir ayuda a tu Maestro. Pide, en efecto, antes de hacer o decir algo: "Por favor, ayúdame a ver esto como *Tú* lo ves". Porque, tal como yo miro esta situación, veo separación. Veo diferencias. Veo buenos y malos. Veo jerarquías. Necesito un Maestro interno que tenga un par de "ojos" diferentes.

Pero no le pediré ayuda si creo que sé, si creo que entiendo. Si creo que entiendo este libro, no le pediré a mi Maestro que me lo explique. La mayoría de personas lee este curso con sus egos, porque piensan que trata sobre *ellos,* como cuerpos. Así que interpretarán este curso como cuerpos, pero no lo entenderán, por eso leerán este curso y seguirán siendo muy poco amables. Leerás este curso y seguirás pensando que ciertas personas sufren más que otras, y lo creerás. Pensarás que está bien pedirle a Jesús que te ayude a ayudar a los que sufren, sin abrazar a *todos* los que sufren. Y estarás equivocado. Y estarás seguro de que estás siendo santo.

La verdadera llamada a ser santo no es a hacer cosas "santas" ni a leer un libro santo, o asistir a un grupo santo, o a una clase santa. La llamada a la santidad es pedir ayuda para percibir que *todo el mundo* —sin excepción— está librando una dura batalla: los buenos y los malos, la gente que construye las bombas y las lanza, la gente que les dice que las lancen, la gente que les dice que torturen y sean crueles, y la gente que es torturada y asesinada.

Eso es muy, muy difícil, como sabemos, pero eso es lo que quieres aprender. Por eso necesitas un Maestro. No puedes hacerlo solo. Todos hemos intentado hacer este curso por nosotros mismos, o variaciones de este curso por nosotros mismos, a lo largo de la historia. Todos lo hemos intentado, y nunca funciona porque termina siendo como el ciego guiando a otro ciego, excepto que no pensamos ser ciegos.

Esto trata de una mente que es la fuente de la bondad, porque esa es la misma fuente de la *falta de bondad*. La clave está en la mente. La mente del Hijo de Dios es *una*. Es una en la locura y es una en la cordura. Hay una mente equivocada, hay una mente correcta, y hay un tomador de decisiones. Tenemos la ilusión de que hay muchos. Por eso pensamos que todos somos diferentes y por eso creemos en jerarquías. Hay jerarquías en los estudiantes de *Un curso de milagros*. Hay jerarquías en los grupos de *Un curso de milagros*. Hay jerarquías en los profesores de *Un curso de milagros*. ¡Hay jerarquías! Hay jerarquías en el sufrimiento de la gente. Esta es la primera ley del caos (T-23.II.2:3), y la corrección para eso, de nuevo, es "No hay grados de dificultad en los milagros" (T-1. I.1:1), porque cada milagro es el mismo, porque cada problema es el *mismo*. No hay jerarquía de problemas.

Bill Thetford siempre solía decir sobre el primer principio: "Se podría decir que no hay orden de dificultad en la resolución de problemas", porque en realidad eso es lo que es un milagro. Todos los problemas son iguales. No hay una jerarquía de problemas. Y como todos los problemas son iguales, todos los *milagros* son iguales. En el plano de la forma, hay una diferencia entre un rasguño y un cáncer. En el plano de la forma, hay una diferencia entre una discusión y una guerra mundial. Pero tanto el rasguño como el cáncer, tanto la discusión como la guerra mundial provienen de la decisión de la mente a favor de la culpa.

Ese es el problema y, por tanto, la solución es la decisión de la mente a favor de perdonar. "Un solo problema", como dice el Libro de ejercicios, "una sola solución" (L-pI.80.1:5). El problema es la separación; la solución es la Expiación. El problema es la decisión a favor del ego; la solución es la decisión a favor del Espíritu Santo. ¿Qué puede ser más sencillo? Lo hacemos muy, muy complicado.

Si de verdad quieres ser bondadoso, ve a la fuente de la falta de bondad, que es la decisión de tu mente a favor del ego. Deshaz eso eligiendo al Maestro correcto y todo lo que hagas será amable. Hay una afirmación en el Libro de ejercicios que dice: "La bondad me creó bondadoso" (L-pI.67.2:4). Ese es mi estado natural. Dentro del sueño el estado natural de la mente recta es ser bondadoso, porque la bondad en mi mente recta es el reflejo de esa declaración: "La bondad me creó bondadoso". La unidad me creó uno. El amor me creó amor.

Dentro del sueño, el reflejo de esa amabilidad y esa unidad y ese amor es: "Soy bondadoso con *todas* las personas". No en la forma o en el comportamiento, sino que soy amable con todas las personas sin excepción, y ese es el ideal. Ahí es cuando ascendemos por la escalera de la oración; eso es a lo que queremos aspirar. Eso es lo que está en lo alto de la escalera. Lo que nos lleva allí es reconocer la verdad del principio: "Sé bondadoso con todos aquellos con los que te encuentras porque todos están librando una dura batalla".

Preguntas

La bondad dentro de un "marco terrenal"

P: Me viene la idea de que, en este mundo, me resulta fácil pensar que la amabilidad puede ser peligrosa. Pienso en Karl Rove y en que los liberales quieren ofrecer terapia a los terroristas. Si tuviéramos un estado mental bondadoso, la gente que no es bondadosa vendría y nos mataría, y se apoderaría de nosotros. Es como si la bondad fuera algo peligroso. Es difícil abandonar esa mentalidad de que, si eres amable con todo el mundo, se aprovecharán de ti y te matarán. ¿Qué se puede hacer con eso?

K: Bueno, eso es cierto. Dentro del sueño es cierto. La gente siempre se aprovechará de ti y te pisoteará y te hará daño; verá tu vulnerabilidad e irá a por ti, eso es cierto. Como cuerpos, es cierto. Este no es un lugar amable. Pero tú no eres un *cuerpo*. ¿Ves?, ahí es donde tiene que ocurrir el cambio.

Una línea que cito mucho está en el segundo capítulo de El Canto de la Oración y trata sobre el perdón. Dice que no limites el perdón "a un marco mundano"

(S-2.III.7:3). No lo veas como lo ve el mundo: entre cuerpos. No veas la *bondad* en un marco mundano. Y, sobre todo, no veas este curso en un marco mundano porque lo que dices es cierto. Cuando eres amable, la mayoría de la gente se aprovecha de ti, y sentirás que se aprovechan, lo que significa que, de partida, no fuiste amable. Por eso he venido enfatizándolo. Debes ver la necesidad —no tienes que hacerlo perfectamente— de pasar del cuerpo a la mente.

Otras veces he hablado aquí de la diferencia entre un mundo donde dos más dos es igual a cuatro y un mundo donde dos más dos es igual a cinco. Esa es la diferencia. El cuerpo vive en un mundo donde dos más dos es igual a cuatro y aquí suceden cosas horribles, y podrías predecirlas. Aquí pasan cosas horribles. Pero, cuando vives en un mundo de dos más dos es igual a *cinco*, esto no tiene efecto en ti, y entonces ves el mundo entero de otra manera. Entonces no ves el mal, el pecado y el sufrimiento tal como los ve el mundo. Ves el dolor de *todos* y ves que todos están librando una dura batalla. La bondad viene de ahí, y no se puede sacar ventaja de esa bondad porque esa bondad no puede ser atacada, como tampoco puede ser atacado el amor. Puede ser atacado *aquí,* en el mundo, pero entonces no es amor, porque el amor nunca se experimentaría a sí mismo como que está siendo atacado.

Dios no conoce la separación. No conoce el pecado, el ataque y la usurpación. No los conoce porque no han ocurrido. No *pueden* suceder. Jesús no los conoce y quiere que nosotros tampoco los conozcamos. No porque los neguemos, sino para que nos demos cuenta de que esto es un *sueño*. Es un sueño sin importancia. Las palabras "sin importancia" significan que no ha pasado nada. Un coche en punto muerto no va a ninguna parte. El motor está en marcha, pero no se mueve porque está en punto muerto. Eso es cuando un coche está al ralentí. Esto es un sueño al ralentí. El motor de la mente está en marcha pero no pasa nada porque "[...] no se perdió ni una sola nota del himno celestial" (T-26.V.5:4). No ha ocurrido nada.

La desesperanza del mundo

P: Esta es la razón por la que soy una persona tan fatalista en muchos sentidos. Estoy pensando que incluso en el otro sistema como, digamos, en el de Karl Rove debes atacar. Incluso, si lo haces perfectamente y acabas con todos los enemigos, sigues muriendo. Seguimos muriendo aquí.

K: Sí.

P: No hay ninguna esperanza en ese sistema de pensamiento.

K: ¡Claro, por supuesto! No cuentes eso, ni se lo digas a nadie que crea en ello. Porque no hay esperanza en ese sistema, y esa es la razón por la que tienes que atacar continuamente: tienes que negar esa desesperación interna. En algún lugar dentro de nosotros sabemos que esto no funciona porque ya "lo hemos probado todo".

Recuerda que todo esto está en la mente y que todo ha sucedido ya. Recuerda la frase del Libro de ejercicios: estamos "repasando mentalmente lo que sucedió" (L-pI.158.4:5). En lo más profundo de nosotros está el recuerdo de que esto nunca funcionará. Atacar nunca funciona, herir a la gente nunca funciona, ser poco amable nunca funciona, ser especial nunca funciona, pero eso no nos detiene. Para utilizar el término de Freud: estamos obligados a repetir estas actitudes una y otra vez. En el fondo sabemos que no funcionan. Ahí es donde está la desesperación. Seguimos intentando defendernos de la desesperación mediante la proyección y el ataque.

Por eso este curso es la única esperanza, porque es verdaderamente radical. La palabra "radical" se deriva de "raíz". Llegar a la raíz del problema. La raíz del problema está en la decisión de la mente a favor del ego. *Ese* es el problema, la decisión de la mente. No es el ego. El ego *no* es el problema. ¿Cómo puede ser la nada un problema? El problema es nuestra *creencia* en que esa nada es algo. En la Clarificación de términos, en la sección sobre "El Ego-El Milagro", esto es lo que se dice sobre el ego: "¿Qué es el ego?" (C-2.2:1). Nada. ¿Dónde está el ego? En ninguna parte. ¡No es nada!

El problema es nuestra *creencia* de que es algo. Es la creencia de la mente de que el ego es algo, y es algo sobre lo que tenemos que *hacer* algo, siendo ese "algo" crear un mundo. Ese es el problema. Por eso este curso es la única esperanza. Porque nos dice, inequívocamente, que el problema *no* está en el mundo *ni* en el cuerpo. Está en la mente. La mente que cree en la separación es la que crea un mundo de separación. La respuesta es la capacidad de la mente de elegir la Expiación que dice que la separación nunca ocurrió.

Todo lo que hago en este mundo, todo lo que percibo en este mundo que dice que todos somos uno, es una expresión de la decisión de mi mente a favor de la

Expiación. Cualquier cosa que haga aquí que exprese separación, diferencias o jerarquías es una sombra proyectada de la decisión de mi mente a favor de la separación. Así es como sabes qué maestro has elegido; simplemente observa cuál es tu percepción. Observa tu campo perceptual. ¿Abarca a *todo el mundo*? ¿Ve a todo el mundo sufriendo? ¿Ve a todos librando la misma dura batalla? ¿O ve diferencias?

Si ves diferencias, ya sabes qué maestro has elegido. Lo que significa que, en este punto, todo lo que hagas y digas será poco amoroso, poco amable, es decir, odioso y asesino; *todo*. Incluso hacer cosas buenas, incluso unirte a movimientos pacifistas, a movimientos religiosos, a movimientos espirituales, incluso leer un libro espiritual como *Un curso de milagros* es odioso y asesino si tu percepción no ve el sufrimiento de todos como el mismo.

Inversión en ser especial

P: Parece que soy una máquina de invertir [de tener mis propios intereses separados, mi deseo de ser especial]. La cuestión es reconocer —en medio de algo que sucede— cuándo tengo una inversión, pues no suelo darme cuenta de ello. Parece que ese es el contraste. Dios mío, tengo tantas inversiones. Es como venir aquí, por ejemplo. Si alguien va a otro lugar y no viene aquí, yo digo en mi mente: "Bueno, sí, no quieres material puro, así que te vas a lo viejo. ¿Entiendes? Quiero decir que cada *pensamiento* es una inversión personal que tengo, y simplemente hablando con la gente, como tú acabas de hablar, reconozco que en realidad no estoy siendo amable. Estoy dejando que la persona [en la que pienso o de la que hablo] haga el ridículo, ¿sabes?

K: ¡Qué tipo!

P: Estoy en mi propia arrogancia, ¿sabes a qué me refiero? Es como si estuviera siendo muy amable. Solo hay mucha arrogancia porque tengo esta inversión oculta basada en lo que oigo.

K: De acuerdo, pero eso es muy, muy útil: porque no puedes ser sanado si primero no reconoces la necesidad de sanación. Así que lo que estás diciendo es muy, muy útil.

P: ¿No puedes generalizar la bondad si tienes inversiones en marcha?

K: No se puede, es cierto. Las inversiones son obviamente alguna forma del deseo de ser especial. Las inversiones son expresiones de falta de bondad; la falta de bondad del ego.

P: ¿Mientras yo exista habrá inversión?

K: Me temo que eso es cierto, y la inversión última es la que tenemos depositada en el "yo", así que preservamos ese "yo" (ese sí mismo), depositando todas nuestras inversiones especiales ahí fuera.

P: Exacto.

K: Correcto, así que no vas a hacerlo más, ¿verdad?

P: ¡Claro que sí, voy a hacerlo! [Risas]. No sé cómo *no* hacerlo, eso es lo que quiero decir.

K: En realidad, no tienes por qué saberlo. Todo lo que tienes que saber es que lo estás haciendo y que no quieres seguir haciéndolo. Eso es todo lo que tienes que saber. Tú no lo haces. Aquellos de vosotros que estuvisteis aquí ayer (24 de junio de 2006: "Un guiño a Dios")

recordáis que ese era el punto sobre el que yo enfatiza-
ba, sobre el tener un *poco de buena voluntad*. Los dos
primeros pasos del perdón son nuestra responsabilidad,
lo que en definitiva, en este contexto, significa: "Esto es
lo que estoy haciendo y no quiero hacerlo más". El tercer paso no es nuestra responsabilidad. No tienes que
saber *cómo* dejarlo ir. Solo tienes que ver lo que es y
darte cuenta de que ya no lo quieres; eso es todo. Al
mismo tiempo, reconoce que hay una parte de ti que sí
lo quiere.

Bondad y enfermedad

P: Cuando te ves a ti mismo enfermo, o a otra persona, ¿podrías abordar eso en términos de amabilidad o
falta de amabilidad?

K: Sí, podría. [Risas].

P: ¿Quieres hacerlo, por favor?

K: Oh, esperaba que solo quisieras saber si podía hacerlo y que eso fuera todo. [Risas]. La manera sencilla de
entender esto, y en realidad la única, es equiparar la falta
de amabilidad que sentimos con la percepción de separación; y la amabilidad, con la percepción de unidad, o intereses separados frente a intereses compartidos. Vernos
diferentes no es bondadoso. Vernos iguales es amable.
Cuando uno ve a alguien físicamente enfermo, y no me
refiero a lo que ven tus ojos, es lo mismo.

Permitidme dar un pequeño rodeo. Cuando el *Curso*
habla de "percepción", siempre quiere decir "interpretación". Esto es algo muy, muy importante de entender.

Cuando Jesús habla de "ver" o de "percepción" está hablando de "interpretación". No se refiere a lo que ven tus ojos. Está hablando de cómo *interpretas* lo que ven tus ojos. Es muy, muy importante comprenderlo.

Una referencia específica a esto aparece en la Sección 17 del Manual, "¿Cómo lidian los maestros de Dios con los pensamientos mágicos?", cuando dice: "Tal vez sea útil recordar que nadie puede enfadarse con un hecho"; tú te enfadas por la interpretación del hecho (M-17.4:1-2). Lo que ven mis ojos es que puedes insultarme verbalmente o puedes ser físicamente agresivo; esto es un hecho perceptual. Yo lo veo, pero no es eso lo que me enfada. Lo que me enfada es mi interpretación, que dice: "Eres una persona malvada que *me* ataca". Esa es una interpretación que va más allá del hecho real de que me ataques física o verbalmente.

El *Curso* dice que la percepción es siempre interpretación (T-3.III.2:3; M-17.4:2). Cuando te veo enfermo, no es que mis ojos no vean un síntoma. Lo importante es lo que mi mente hace con lo que ven mis ojos, a saber: "Tú estás enfermo y yo no". Eso es mentira. *Ambos* estamos enfermos. El hecho de que tú pienses que eres una persona, el hecho de que yo piense que soy una persona y ahora estemos interactuando, esa es la enfermedad. La enfermedad es la creencia en la separación. No estamos hablando de que mis ojos te vean enfermo. Estamos hablando de la percepción de que tú y yo somos *diferentes*.

Cuando alguien está enfermo y le ofreces ayuda, que casi siempre es lo más amable que puedes hacer, puedes llevarlo a cabo de dos maneras. Puedes hacerlo de la manera: "Oh, no soy maravilloso por estar ayudándote, pobre víctima sufriente". O simplemente lo ves como otra manera, en la forma, de expresar el contenido subyacente de que no hay diferencia entre tú y yo. En el nivel de la forma, tú tienes un cuerpo enfermo y yo no tengo un cuerpo enfermo y, como yo no tengo un cuerpo enfermo en este momento y tú sí, estoy en una posición en la que podría ayudarte. Eso ocurre en el nivel de la forma.

En el nivel de la mente somos simplemente dos personas compartiendo el mismo interés con respecto al tratamiento de tu síntoma físico. En realidad, se trata de ver que tú y yo no somos diferentes, lo que significa que no experimento ningún conflicto entre tú y yo. No hay resistencia entre tú y yo. No hay tensión entre tú y yo. Alguien necesita ayuda. Le ofrezco ayuda en el plano de la forma. Pero en el nivel del contenido nos ayudamos mutuamente porque no nos vemos como algo separado. En otras palabras, no nos vemos con intereses distintos porque nos hemos dado cuenta de que ambos somos lo mismo.

Cuando ves a alguien enfermo y eso se convierte en tu interpretación, lo que significa que tú y yo somos diferentes, no puedes ser amable. Eso sería, tomando prestada la frase de El Canto de la Oración, la "bondad para destruir" (S-2.II). En ese anexo, Jesús habla de "perdonar para destruir" o "curar para separar" (S-3.III.2:1). En el tercer capítulo habla de cuando la gente perdona o sana, pero siempre se basa en una percepción de diferencias. Tú has hecho algo malo, yo te perdono. Tienes un problema físico, yo te ayudo. Hay una sensación de que "yo" te ayudo a "ti". Eso es "curar-para-separar"; eso es "perdonar-para-destruir".

"La amabilidad-para-destruir" es lo mismo. Te veo enfermo y voy a ayudarte. Yo no entro en la ecuación.

No se me está ayudando a mí. Yo te ayudo a *ti*. Eso me diferencia de ti. Y es muy tentador verme *mejor* que tú y mejor que otras personas que no te están ayudando. Cualquier percepción que tengas, de nuevo, que diferencie entre la Filiación es cruel. Proviene del sistema de pensamiento de la falta de bondad, y nunca, nunca, irá en el sentido de la verdadera curación. Puede funcionar en el nivel de la forma, pero no funcionará en el nivel de la verdadera curación, que es deshacer la creencia en la separación.

La necesidad de un maestro interno

Volviendo a lo que dije antes, por eso necesitamos un Maestro interno y por eso no podemos hacerlo solos. Porque, cuando lo hacemos por nosotros mismos, creo que entiendo lo que está pasando aquí, creo que entiendo lo que dice *Un curso de milagros*, creo que entiendo cómo debe interpretarse y practicarse, y ahora voy a practicarlo. Pero siempre tengo la sensación de que "lo estoy haciendo *yo*", pues parto de la percepción de que el cuerpo es real, el mundo es real, los problemas del cuerpo y del mundo son reales y necesitan solución; hay una jerarquía de problemas, hay una jerarquía de personas que los tienen, hay una jerarquía de personas que los causan y otra de personas que los resuelven. Todo es diferenciación, todo es separación y todo son jerarquías. Así es como funcionamos.

Leemos este curso por nuestra cuenta como cuerpos, y así nuestros cerebros lo interpretan a la luz de los cuerpos. Pensamos que Jesús está hablando de "debería perdonarte". Eso ocurre cuando lo lees por tu cuenta. Al leerlo con *él,* partes de la premisa que dice: "No entiendo *nada* porque creo que soy un cuerpo". ¿Cómo podría entender lo que dice este curso, que trata de que soy una mente? No sé lo que es la *mente.* Sé lo que es el cerebro, pero no sé lo que es la mente.

¿Cómo podría leer esto y entenderlo, por no hablar de practicarlo, por no hablar de *vivirlo?* Porque creo que trata sobre cuerpos. Necesito un Maestro al que no identifique como un cuerpo, al que reconozca como un Pensamiento en mi mente, un símbolo de Quién soy (cuando estoy totalmente en la mente recta) para que me ayude. Al final, en la cima de la escalera, reconozco que yo y mi Maestro somos *uno.* No solo mi hermano y yo (quienquiera que sea mi "hermano" aquí) somos uno; mi *Maestro* y yo somos uno.

Porque en lo alto de la escalera no está Jesús, no está el Espíritu Santo, no estás tú. En lo alto de la escalera solo hay *un* Hijo de Dios que ahora está fuera del sueño. Eso es a lo que el *Curso* llama estar en el mundo real. Se nos dice que estamos allí solo por un instante y entonces Dios desciende y nos eleva hasta Él (L-pI.60.1:6), y la escalera desaparece. Pero lo que me hace subir la escalera es saber que hay una Presencia en mi mente que no soy *yo,* es decir, que no es mi *ego.* Por eso todo el proceso de perdón y sanación de este curso se basa en la suposición de que uno necesita un Maestro interno. No puedes hacer esto sin el Espíritu Santo. Por eso el Espíritu Santo es tan importante.

Este es *Un curso de milagros,* lo que significa que es algo que se enseña. Hay un plan de estudios. Está organizado de una manera curricular. Viene con un Maestro, que está incluido en el precio. Obtienes el plan de estudios, obtienes el libro de texto y obtienes al Maestro, a quien queremos despedir, incluso antes de que ponga un pie en el aula, porque pensamos que nosotros podemos hacerlo mejor, porque pensamos que podemos entender esto.

Lo estamos entendiendo con un cerebro que está condicionado y programado por una mente para no *saber* de la mente. Los cerebros no tienen mente y, por lo tanto, piensan sin mente. ¿Cómo podría un cerebro entender este curso? Necesitamos un Maestro al que no convirtamos en parte del mundo. Como Jesús le dijo a Helen en *The Gifts of God* (parte de una serie de mensajes para ella): "No soy un sueño que viene en son de burla" (*The Gifts of God*, página 121). Es una frase maravillosa: "No soy un sueño que viene en son de burla".

No soy parte de tu sueño que se burla de la gloriosa creación de Dios, y de *ti* como parte de esa gloriosa creación de Dios, como espíritu. No soy un sueño que viene en son de burla. La razón por la que esa línea está ahí es porque eso es lo que el mundo ha hecho de Jesús. Lo ha convertido en parte del sueño. Y eso es lo que los estudiantes del *Curso* se sienten tan tentados de hacer también: convertirlo en parte del sueño; convertirlo en un cuerpo y en una *persona* que resuelve cosas para nosotros *aquí*, en nombre de un dios que lo envió o de un dios que creó un "espíritu santo" para ayudarnos, haciendo que todo lo de aquí sea real.

Tenemos que verlo como lo que es: un *pensamiento* de amor, un recuerdo de amor. En el Manual para el Maestro se dice: "El Nombre de Jesucristo como tal no es más que un símbolo. Pero representa un amor que no es de este mundo" (M-23.4:1-2). Ese amor que no es de este mundo es lo que también somos nosotros cuando nuestras mentes están sanadas. Por tanto, él representa la curación de nuestras mentes. Es un símbolo porque no sabemos que nosotros somos ese mismo amor.

Cuando despertamos y nos damos cuenta de que nosotros también somos ese amor, entonces ya no existe Jesús. Hemos llegado a ese estado, como dice el Texto, "Más allá de todo símbolo" (T-27.III), más allá incluso de los símbolos del amor. Ya no somos el reflejo. De hecho, hay un pasaje precioso que habla de esto. Ya no somos el reflejo del amor o el reflejo de la santidad; somos aquello que estaba siendo reflejado (T-14.IX.8:5). Ahora somos esa santidad misma. Eso es lo que significa desaparecer en "la Presencia que se encuentra detrás del velo" (T-19.IV.D.19:1).

Necesitamos a alguien que represente esa Presencia porque todavía le tenemos demasiado miedo. Eso es el Maestro interno. Eso es Jesús. Eso es el Espíritu Santo. No podemos hacerlo solos. Así es como nos metimos en problemas al principio. Lo hicimos por nuestra cuenta.

Mente-Cuerpo

Es muy difícil leer este curso sin ego, y no se nos pide que lo leamos sin ego. Sin embargo, se nos pide que seamos *conscientes* de que estamos leyendo este curso con un ego. Solo entonces, reconociendo lo que estamos haciendo, podemos obtener la ayuda que necesitamos de nuestro Maestro interno para mirar a través de *Sus* ojos, y leer este curso a través de Sus ojos, lo que significa que reconoceríamos que todo él tiene que ver con la mente.

Cuando el *Curso* habla del perdón, está hablando de un proceso en la *mente*. Cuando esta semana hablamos de la *bondad*, estamos hablando de un proceso que está en la mente. No hay nada más. Eso significa que este libro está en la mente. Si no crees que este libro está en la mente, entonces estás diciendo: "Las ideas abandonan su fuente". Estás diciendo que la idea del amor puede abandonar su fuente y salir en un libro. No es diferente de decir: "Yo soy una idea en la Mente de Dios y también abandoné la Fuente, y por eso ahora estoy aquí en el mundo".

Necesitamos amor en la forma de un libro; necesitamos amor en la forma de un Maestro al que le damos un nombre, como Jesús, porque pensamos que hemos abandonado nuestra Fuente. Pensamos que estamos aquí en un cuerpo. Así que necesitamos un símbolo de la mente correcta para corregir el símbolo de la mente errada, pero es un *símbolo*. Jesús es un símbolo, este curso es un símbolo. *Nosotros* somos un símbolo. Pero un símbolo simboliza el amor; el otro simboliza el odio. Uno simboliza la unidad; el otro simboliza la separación. Uno simboliza la bondad; el otro, la falta de bondad. Necesitamos un Maestro al que podamos dar nombre. Necesitamos una enseñanza a la que podamos dar un nombre y ponerla en una forma a la que llamamos libro, pero eso es solo para que podamos aprender que no está aquí y que nosotros tampoco estamos aquí.

Este curso no lo aprende un cuerpo leyendo un libro, hablando de él con otros cuerpos, practicándolo con otros cuerpos. Este libro se aprende allí donde está: en la mente. Ahí es donde tiene lugar el aprendizaje. Los cuerpos no aprenden. Si los cerebros no piensan, ciertamente no aprenden. ¿Cómo podría aprender algo un trozo de madera sin vida? Una marioneta en un espectáculo de marionetas no aprende, no crece, no se desarrolla. Simplemente hace lo que la mente o el titiritero le dice que haga.

Pues bien, nosotros no somos diferentes. Hacemos lo que el ego nos dice que hagamos. El ego es el titiritero y nuestras mentes lo han elegido para que sea nuestro titiritero, nuestro maestro, así que hacemos lo que nos dice. Luego olvidamos que hemos hecho lo que dice, y pensamos que *somos* lo que él dice. Pensamos que *somos* el sistema de pensamiento de la separación, la diferenciación, la individualidad, la falta de bondad, el odio y el sufrimiento.

Ahora ya sabes por qué tienes problemas con este curso, porque no trata sobre *ti* tal como te piensas a ti mismo . Trata sobre "ti" como un pensamiento en la mente, lo que significa que entonces vuelves a este curso y ahora lo lees con un espíritu de humildad, dándote cuenta de que "no sabía lo que decía, pensé que trataba sobre un cuerpo, pensé que trataba sobre *mí*".

No solo no debes situar el perdón en un marco mundano (S-2.III.7:3), como dice el Anexo; no sitúes este curso en un marco mundano, no te sitúes *a ti mismo* en un marco mundano. Todo este curso gira en torno a la idea de que *no* somos cuerpos. Y cualquiera que estudie este curso lo sabe. No puedes hacer el Libro de ejercicios sin saber esa lección: "No soy un cuerpo. Soy libre. Pues aún soy tal como Dios me creó" (L-pI.rVI.in.3:3-5), que es toda una serie de lecciones de repaso, así como una lección del Libro de ejercicios.

Este es un tema importante: "No soy un cuerpo. Soy tal como Dios me creó"; un tema *importante*, lo que significa que no puedo ser un cuerpo leyendo este libro. Significa que el *Curso* no puede ser este *libro*, porque este libro es un cuerpo, es una forma. Pensamos que es una forma inanimada, como si hubiera una diferencia entre las formas animadas y las inanimadas; algo que está vivo y algo que no lo está. Eso significa que hay una jerarquía: la primera ley del caos (T-23.II.2:3).

Aquí no hay *nada* que esté vivo. El hecho de que inhalemos y exhalemos no significa que estemos vivos. La mayoría de vosotros conocéis la frase de las leyes del caos: "¿Puedes acaso darle vida a un esqueleto pintando sus labios de color rosado [...] y hacer que viva?" (T-23.II.18:8). ¿Quién podría inflar y desinflar pulmones, hacer que el cuerpo respire y viva? Solo en sueños podemos hacer eso, igual que en nuestros sueños, cuando estamos dormidos, hacemos todo tipo de cosas increíbles. En nuestros sueños ocurren cosas increíbles que en el propio sueño tienen sentido. Cuando despertamos, nos damos cuenta de que lo ocurrido era imposible. Rompió todas las leyes naturales, pero en el sueño tenía perfecto sentido.

Bueno, en nuestro sueño, al que llamamos "nuestra vida", esto tiene perfecto sentido. Los pulmones se inflan y desinflan, y a eso se le llama "respirar". Eso nos mantiene vivos. El oxígeno va a los pulmones, y a través del torrente sanguíneo nutre nuestras células. Si no tenemos suficiente oxígeno, no nos sentimos bien. Si no tenemos nada de oxígeno, nos morimos. Esto solo es real en un sueño.

Es la mente soñando que es un cuerpo, y luego soñando que ese cuerpo puede hacer algo: puede vivir, puede aprender, puede perdonar, puede curarse. Por eso, de nuevo, este es un curso muy radical. No se parece a nada que hayas visto antes. Solo nuestros cerebros dirían que se parece a otras propuestas. *No* es como otras propuestas. Este curso trata solo sobre la mente. Solo trata de elegir la bondad en lugar de la falta de bondad.

Pregunta específica frente a pregunta abstracta

P: Kenneth, cuando el curso habla del velo, ¿es el velo de la creencia? A menudo me imagino a mí mismo a este lado del velo, y la luz está al otro lado. ¿El término creencia se refiere a eso?

K: Sí. En realidad, en el contexto de los obstáculos para la paz, los velos son los cuatro obstáculos para la paz. Entonces nos encontramos ante el velo final (T-19.IV.D.6). Pero es nuestra creencia la que da lugar a los velos. Es la decisión de la mente.

P: Todo es abstracto y nada es concreto, y nosotros solo somos pensamiento, incluso mientras estamos pensando en eso.

K: Sí, y cuando desapareces en la Presencia más allá del velo, dejas el mundo de lo específico por el mundo de lo no específico, o de lo abstracto, que es el Amor de Dios (T-19.IV.D.19:1).

P: ¿Lo que has estado diciendo es que tomamos la bondad o la falta de bondad y las hacemos específicas o inespecíficas?

K: Sí, así es; eso es exactamente lo que hacemos. Ahora la bondad se expresa específicamente, igual que todo lo demás se expresa específicamente. Pero su origen es inespecífico. Su fuente es no-específica. Siempre queremos que todo sea específico por razones obvias, porque pensamos que *nosotros somos* específicos.

P: Cuando usas el término "paz interna, Maestro interno, amor interno", ¿es para ayudarnos a pasar a lo abstracto llamándolo "interno" frente a lo externo?

K: Sí, el movimiento de lo externo a lo interno es el movimiento de lo específico a lo no-específico. Cuando haces eso, reconoces que no hay "interno" porque no hay "externo". Si no hay "externo", la palabra "interno" no tiene sentido. Interno y externo solo tienen significado en términos de sus opuestos. Si no hay externo, la palabra interno no significa nada. Cuando pasas de lo específico a lo inespecífico, estás de vuelta en la mente y entonces te das cuenta de que "Las ideas no abandonan su fuente" (T-26.VII.4:7), de que no existe lo "externo".

Y, por supuesto, eso es lo que el mundo ha hecho siempre con Dios. Hemos convertido a Dios en algo concreto. Lo hemos convertido en una persona. El dios bíblico es una persona. El mito es que el judaísmo inventó el *monoteísmo*, lo que por supuesto no es cierto. Sucedió en Egipto. Pero, en cierto sentido, ese no es el verdadero Dios porque lo hace personal y específico. El verdadero Dios está *más allá* de lo específico.

Como he dicho antes, el verdadero Dios no tiene nombre. El verdadero Dios no es un *dios*. Ni siquiera puedes usar la palabra. Él está más allá del nombre, está más allá de la palabra. Él es la Totalidad. Él es la Plenitud. Es perfecto Amor y perfecta Unidad. Pero queremos que

Dios sea específico. Queremos que el Espíritu Santo y queremos que Jesús sean específicos. Así que Jesús se encuentra con nosotros donde creemos que estamos: en el mundo de la especificidad.

Se habla de Dios como *si* fuera una persona, con un pronombre personal masculino, que actúa y piensa como una persona —una persona que todo lo sabe, que todo lo ama, que es todo bondad—, pero no por ello deja de ser una persona. Tienes que ir más allá del símbolo de Dios, a lo que Maestro Eckhart (por ejemplo) llamaba la "Divinidad detrás de Dios". La Divinidad detrás de Dios es el verdadero Dios. Es el Amor inespecífico que es la Totalidad misma, que está más allá de los símbolos específicos que apuntan a esa Totalidad.

Así, desapareces en la Presencia más allá del velo, y el *Curso* dice "no para que se nos vea, sino para que se nos conozca" (T-19.IV.D.19:1). Es una frase muy importante: no ser visto, sino conocido. "Ver" pertenece al mundo de la percepción, al mundo de la especificidad. "Conocer", "conocimiento" en el *Curso* es sinónimo de Cielo, así que ese es el reino de lo inespecífico.

A lo largo del *Curso*, Jesús siempre contrapone *percepción* y *conocimiento*. La "percepción" es la ilusión. Hay percepciones de la mente errada y percepciones de la mente correcta que corrigen a las equivocadas. Cuando las percepciones de la mente correcta corrigen a las de la mente errada (lo que se denomina "percepción verdadera"), el mundo real y la percepción terminan, y lo que queda es lo que siempre ha estado ahí: el conocimiento.

Cuando desaparecemos en la Presencia más allá del velo, ya no se nos ve. No somos específicos; somos *conocidos*. Pero, cuando hablamos de lo conocido en el mundo de lo específico, le damos un nombre, como Jesús, como Buda, o cualquier otra persona iluminada. Le damos un nombre a su mensaje, como *Un curso de milagros* o el *Veda*. Pero esto solo son *símbolos*. Hay una declaración maravillosa atribuida a Buda en la que dice: "Lo que se conoce como las 'Enseñanzas de Buda' no son las enseñanzas de Buda". Una vez que les das una forma específica —en palabras y conceptos—, esa ya no es la enseñanza.

Se podría decir lo mismo: lo que se conoce como las enseñanzas de Jesús (por ejemplo, en *Un curso de milagros*) *no* son las enseñanzas de Jesús, sino que son los símbolos de las enseñanzas de Jesús. El mensaje último de Jesús es el Amor perfecto, porque eso es lo que él es. Él es un símbolo de un "amor que no es de este mundo" (M-23.4:1-2). Pero no estamos preparados para eso, así que necesitamos símbolos.

Este curso es un conjunto de símbolos que parecen existir en un mundo en el que nosotros parecemos existir. Sin embargo, la verdad es que somos una idea que nunca ha abandonado su fuente. Seguimos estando todavía en la mente, lo que significa que este curso sigue estando todavía en la mente. Solo pensamos que lo estamos estudiando y viviendo aquí. En realidad nuestras mentes han elegido el amor. Entonces, Jesús es la personificación del amor. Y *Un curso de milagros* es una forma específica de esa personificación del amor. Mientras pensemos que somos personificaciones del mal, las tinieblas y el pecado, necesitamos una corrección para esos pensamientos (L-pI.93.1:1). La mente proyecta afuera la decisión a favor del amor y la decisión a favor de Jesús como nuestro maestro, y eso se presenta en la forma en que mi cuerpo encuentra *Un curso de milagros*, y mi cuerpo lo estudia. Todo el propósito de este curso es enseñarnos que no es mi cuerpo el que estudia *Un curso de milagros*.

El *Curso* no está aquí. *Yo* no estoy aquí. Pero, mientras crea que estoy aquí, necesito una traducción suave del amor inespecífico que quiero a una forma que pueda aceptar sin que me dé miedo. Por eso necesitamos lo específico. El ego creó lo específico para mantener el amor alejado. Entonces el amor se traduce a sí mismo en lo específico para transcender lo específico, para volver a sí mismo. El problema es que acabamos adorando el símbolo y adorando lo específico.

La razón por la que la gente puede usar *Un curso de milagros* (por ejemplo) como un ataque y como expresiones de falta de amabilidad es porque no lo entienden. Piensan que tiene que ver con lo específico y con los cuerpos. Una vez que haces eso, estás comprando todo el paquete de la falta de bondad, que incluye crueldad, ausencia de misericordia, juicio, deseo de ser especial en el ámbito espiritual, persecución y asesinato, porque ese es el sistema de pensamiento. Si compras una pieza, lo compras todo. Es todo o nada.

Si compras una pieza del ataque, adquieres todo el sistema de pensamiento del ataque. Compras una pieza de paz y perdón, y entonces tienes todo el sistema de pensamiento de la paz y el perdón. Mientras pienses que este curso es sobre cuerpos, y cuerpos perdonando a otros cuerpos, y sobre volverse amable y amoroso hacia otros cuerpos estás reforzando el sistema de pensamiento de la falta de amabilidad.

Esto no significa que niegues tus especificidades. No significa que niegues las cosas que estás haciendo con el *Curso*. No significa que niegues tu necesidad de pedir ayuda específica a Jesús. Solo significa que, mientras lo haces, te das cuenta de que estás en un viaje que te llevará gradualmente más allá de eso. No chasqueamos los dedos, hacemos un par de lecciones y desaparecemos en la Presencia más allá del velo. No sucede así. Tenemos demasiado miedo.

Nos aproximamos a la desaparición en la Presencia más allá del velo haciendo que los pensamientos del ego desaparezcan *gradualmente*: pensamientos de juicio, ira, desesperación, depresión, ansiedad, miedo, dolor. Lo que desaparece no es este yo. Lo que desaparece son todas las cosas que hemos añadido a este yo: todos los pensamientos del ego de ira, desesperación, depresión, ansiedad. Al final, cuando ya no estamos apegados a este yo, desaparece. Entonces desaparecemos en la Presencia más allá del velo, y ya no estamos en un mundo de especificidad o percepción. Ya no se nos ve. Estamos en un mundo de conocimiento. Estamos en el mundo de la no especificidad. Así que damos pequeños pasos.

Preguntas

Forma y contenido

P: ¿Volvemos a la forma y el contenido?

K: Sí, forma y contenido.

P: ¿Está bien si en la mente tienes pensamientos amables hacia alguien, no le deseas ningún mal, pero a nivel conductual no tienes nada en común con esa persona ni con su estilo, aunque no sientes ira hacia ella? ¿Se consideraría separación no pasar el rato con ella, no ser amigo suyo?

K: La pregunta es: ¿está bien si tienes pensamientos amables hacia alguien, pero no necesariamente pasas tiempo con esa persona, y deduzco que probablemente no quieres pasar tiempo con ella? Claro que está bien; puedes hacer lo que quieras. Esto no significa que tengas que pasar tiempo con todo el mundo, ni que tengas que socializar con personas con las que prefieres no hacerlo.

La idea es que realmente intentes examinarte a ti mismo y veas: "¿Qué hay detrás de que no quiera pasar tiempo con esta persona? ¿Estoy albergando algún agravio del que no soy consciente?". Todo el mundo tiene preferencias y no se puede evitar vivir según las preferencias en un mundo como el nuestro. A todo el mundo le gustan diferentes sabores de helado, o diferentes tipos de tarta, o diferentes colores o estilos de ropa. La gente tiene preferencias en cuanto a las personas con las que pasa el tiempo. La idea es respetar esas preferencias sin convertirlas en un gran problema.

Por ejemplo, digamos que prefiero la vainilla al chocolate, y en algún momento me doy cuenta de que la razón por la que no me gusta el chocolate es que cuando era niño me gustaba el chocolate y me castigaban porque comía mucho helado de ese sabor. O robaba helado de chocolate y tengo un recuerdo terrible de falta de perdón y de dolor en torno a por qué ahora no me gusta el chocolate. Bueno, en este caso ya no es solo una preferencia. Ahora se ha convertido en un símbolo de algo.

Ahora bien, tener una preferencia con respecto al sabor del helado es obviamente trivial, a menos que esté relacionado con algo más. Entonces se vuelve importante: ¿a qué me estoy aferrando que todavía se está manifestando? No importa si tomo helado de chocolate o no. Lo que importa es si estoy guardando un agravio de hace 50 años que de alguna manera está asociado con el helado de chocolate. Entonces merece la pena analizarlo, no por lo que ocurrió hace 50 años, sino porque hoy todavía lo llevo conmigo.

Digamos que no quiero pasar tiempo con una persona porque me recuerda a alguien de mi pasado a quien no he perdonado y que me incomoda. Bueno, entonces es importante no que pase tiempo con esa persona, sino que empiece a pensar en por qué me sucede. A diferencia de simplemente: "Prefiero pasar el tiempo con la persona A y no con la persona B. Prefiero tener un debate con alguien cuyas opiniones políticas sean similares a las mías que con alguien cuyas opiniones políticas *no* lo sean". Eso no es muy relevante *a menos* que estés albergando una falta de perdón. Por tanto, no significa que tengas que pasar tiempo con la persona, pero sí significa que, si realmente quieres descubrir todos los puntos de oscuridad y traerlos a la luz sanadora, tienes que mirarlos.

El propósito del odio

P: No dejo de pensar en que me siento como una "máquina de odiar".

K: ¿Una máquina de odiar?

P: Una máquina de odiar. Hace poco pasé tiempo con mi hermana y...

K: Ya has hablado de ella antes.

P: He hablado de ella antes y las cosas no han mejorado.

K: Bueno, tráela; la arreglaremos.

P: ¿Qué?

K: He dicho que la traigas; la arreglaremos.

P: Lo *hice* una vez. La traje a Roscoe.

K: Lo recuerdo, sí.

P: Sí, eso fue todo.

K: Sí, entonces yo estaba en un mal momento, creo. [Risas].

P: ¡Eso es lo que ella dijo! [Risas].

K: [Se ríe]. "¿Quién es este loco?".

P: Mientras crecía, para mí era muy importante ser diferente de ella. Eso era muy importante. Yo era diferente de toda mi familia. Ahora ella y yo somos la única familia que nos queda. Lo somos todo la una para la otra en términos de familia. Pasamos tiempo juntas. De vez en cuando tengo la sensación de que somos iguales, y esto sucede al nivel del ego, porque se limita a su forma de pensar o a lo que dice. Y entonces me llega: "¡Dios mío, somos iguales!". Me siento *horrorizada*, absolutamente *horrorizada* de que podamos ser iguales. Quiero matarla, ¿sabes? Y no voy a matarla porque sé que me sentiría culpable. Lo sé, me sentiría culpable.

K: Y probablemente también te pillarían, ¡y ahora esto está grabado! Es una confesión, así que yo no lo haría.

P: Estaba pensando en ello, y creo que parte de la respuesta es no darle demasiada importancia. Pero, cuando estamos juntas, siento mucho *odio*. Y veo que cada vez que empiezo a acercarme a una amiga, la odio de verdad. Empieza a suceder. Encuentro que odio algo de ellas. Ni siquiera quiero hacer nuevos amigos porque siento que *odio* tanto a todo el mundo... Y creo que le doy mucha importancia. Me siento horrorizada. En fin, solo quería mencionarlo porque es horrible. Pero me siento atrapada aquí, con esta identidad. Te oigo decir que "somos una mente; no se trata del cuerpo". Pero me siento atascada aquí, ¿me estoy perdiendo algún paso?

K: Creo que el paso que te estás perdiendo es que no *quieres* perdonar a tu hermana. Eso es lo esencial.

P: Claro, y eso me hace sufrir. Me doy cuenta de lo que me está costando.

K: Entonces eso significa que también quieres sufrir. De todos modos, esto ocurriría inconscientemente. Pero, como eres consciente de ello y no eres estúpida, y eres consciente de todo esto, tu decisión de no perdonar a tu hermana es tu decisión de seguir siendo culpable y de sufrir. Lo que sería útil, que es básicamente lo que estás haciendo, es ser consciente de que eso es lo que estás haciendo y por eso piensas "no estoy 'haciendo' ningún progreso con este problema". Estoy hablando de mi hermana ahora de la misma manera que lo hacía hace 5 años, 10 años, 15 años. Y puede que haga lo mismo dentro de 5, 10, 15 años y obviamente me parece bien, porque *quiero* conservar la culpa. Eso es lo que has de tener en cuenta.

P: Pero ¿y si el miedo es tan intenso?

K: Entonces, el siguiente paso es darse cuenta de que la razón por la que quiero mantener la culpa es que tengo miedo de lo que hay más allá de ella. Tengo miedo de que, si suelto este ataque a mi hermana y, por tanto, a todas mis amigas, y a mi madre y a las demás, "desapareceré en la Presencia más allá del velo". No quiero hacer eso, porque sé que si veo a mi hermana como una igual y no veo eso como un ataque, sino que me doy cuenta de que realmente somos lo mismo (en el espíritu de lo que hemos estado hablando hoy), entonces mi ego desaparece. Mi culpa desaparece y solo queda el amor, y eso es lo que temo.

Sé consciente de ello. Lo que ayudaría es que, cuando hables de tu hermana, tanto si lo haces contigo misma, o aquí, o si lo haces con Odea o con cualquier otra persona, al menos seas lo suficientemente honesta para darte cuenta de que "esto no tiene que ver con mi hermana, aquí se trata de preservar a Madeline". La forma en que preservo a Madeline de esta manera demente es seguir atacando, porque así me siento culpable y, si soy culpable, soy Madeline y estoy a salvo.

Hay otra manera de conservar a "Madeline" sin atacar ni sentirse culpable. Podría conservar a Madeline y seguir siendo Madeline sin tener que atacar. Podría ser una Madeline feliz, una Madeline libre de culpa. Intenta equilibrar ambas imágenes de ti misma. Como decía ayer, mira las dos imágenes. Mira a la Madeline culpable y lo desdichada que te hace. Mira todo lo que haces para conservar la culpa: todo este síndrome de no perdonar a las mujeres, hermanas, amigas, etcétera. Luego, equilibra eso con: "Bueno, he *tenido* mis [buenos] momentos —sé que los has tenido— en los que me he sentido libre de culpa, en los que he perdonado a la gente de mi oficina". Cosas de las que hablaste otras veces: he soltado cosas y me siento feliz. Mira los dos aspectos y no hagas nada más.

Eso es lo que quieres mirar, y eso es lo que te llevará del cuerpo a la mente, porque te darás cuenta de que ya no estamos hablando de Madeline como persona. Estamos hablando de Madeline como un pensamiento que realmente podría verse a sí mismo como igual a todos los demás y no habría una jerarquía.

P: Acabas de decir que Madeline puede verse a sí misma como igual a los demás. Me ha llamado la atención lo que ella ha dicho: "Me veo igual que mi hermana y eso me horroriza". Es como si el ego pudiera utilizar incluso las cosas del Espíritu Santo.

K: Exacto, a eso me refería cuando dije que ella podía verse a sí misma y a su hermana como iguales, pero de otra manera. Pero sí, absolutamente sí. El ego diría: "Sí, yo soy igual que tú. *Ambas* somos el hogar del mal, las tinieblas y el pecado".

El miedo al poder de nuestra mente para elegir el amor

P: ¿El deseo de dolor precede al pensamiento de odiar a alguien?

K: Absolutamente. El miedo al amor viene antes que el deseo de dolor, que viene antes que la proyección, la cual es miedo, la cual es odiar a alguien.

P: Repite lo que acabas de decir.

K: El miedo al amor viene antes que el deseo de dolor, que precede a la proyección del odio. Es el miedo al amor, que, por supuesto, es el último obstáculo para la paz ("El temor a Dios", T-19.IV.D). El miedo al amor, el miedo a lo que realmente soy, es lo que me conduce. Piensa en la Lección 136: "La enfermedad es una defensa contra la verdad". Cuando la verdad surge en nuestra mente, la verdad que es amor, que es lo que somos, nos volvemos temerosos. Entramos directamente en el cuerpo, porque si siento dolor —físico o psicológico— estoy separado. Soy un cuerpo.

Ahora el amor se ha terminado porque el amor es unidad, el amor es mente, el amor es espíritu. El amor no tiene nada que ver con el cuerpo ni con nada específico. Elegimos lo específico como defensa contra lo inespecífico. Tengo miedo del amor porque es inespecífico. Entonces elijo el dolor, que es culpa. Ese es el verdadero dolor. Entonces elijo protegerme de la culpa, que es protegerme del amor proyectando la culpa en un cuerpo, y esto lo hacemos macrocósmicamente fabricando un mundo. Pero, individualmente, simplemente encontramos chivos expiatorios.

Así que, cuando Madeline se acerca a lo que dice este curso, y puede sentirse una con la gente, y una persona pacífica y libre de culpa, se asusta. Entonces elige la culpa y la protege proyectándola y atacando a su hermana. Así que perdonar a su hermana (ver a su hermana como igual a ella según la mente correcta —lo que significa que tienen una mente errada que comparten; una mente correcta que también comparten y un tomador de decisiones que comparten—), en lugar de ver eso, que se vuelve amenazante, se lanza a la yugular y ataca, lo que la hace sentirse culpable, y eso aleja al amor. Esta es la secuencia en cada persona.

El ego coloca sus defensas por capas. Así que, cuando llegamos a la capa más externa, estamos tan alejados del problema real que no tenemos ni idea de que hay un problema en la mente. El problema es el miedo al amor. Más específicamente, y esto es importante de comprender, el problema es nuestro miedo a *elegir* el amor. Ese es el verdadero miedo, porque el amor no puede ser amenazador, sobre todo porque el ego no sabe nada del amor.

Es nuestra elección del amor lo que es amenazador, porque, si elijo el amor, estoy eligiendo en contra del ego. Si elijo contra el ego, estoy eligiendo contra *mí*. Este yo, este yo individual al que llamo "Ken", elijo en su contra cuando elijo el amor. El miedo del ego no es al amor; el miedo del ego es a que yo *elija* el amor, lo que significa que su miedo es al poder que tiene mi mente de elegir. Ese es el miedo. Porque el poder de mi mente para elegir es lo que dio lugar, o hizo nacer, al ego.

De hecho, ese poder de mi mente para elegir me dio a luz a *mí*, lo que significa que mi mente es mi propio padre. Mi mente es mi creadora, o lo que el *Curso* ciertamente diría, mi creadora equivocada. Y mi miedo es: "¿Y si la mente que me dio la vida cambia? ¿Y si decide que eligió mal?". Entonces tengo un gran problema. Entonces mi mente se daría cuenta de que elegir al ego fue un error. Corregiría el error eligiendo ahora al Espíritu Santo, y mi ego volvería a desaparecer en la nada de la que surgió. Ese es el miedo.

Para asegurarse de que eso nunca ocurra y protegernos de ello, el ego crea un mundo y un cuerpo. Nos hace olvidar que tenemos una mente que creó el mundo y el cuerpo, por lo que nos quedamos sin mente. Si no recuerdo que tengo una mente (porque no tengo mente; soy un cuerpo; soy un cerebro), si no sé que tengo una mente, ¿cómo podría cambiarla? Esa es la lógica del sistema de pensamiento de la culpa, y luego del mundo que surgió de la culpa.

Nos mantiene en un perpetuo estado de ausencia de mente. Si no tengo mente, no puedo volver a elegir. Por eso he estado repitiendo hoy y otros días, y por eso este curso está tan centrado en esto: "No somos un cuerpo; somos una mente". Si sigo pensando que soy un cuerpo aprendiendo este curso y no una mente, ¿cómo podría cambiar de mentalidad? Ese es el miedo del ego. No tiene miedo del amor; tiene miedo de que *elijamos* el amor, lo que significa que tiene miedo del poder de la mente.

Por lo tanto, se inventa toda esta enrevesada mitología del pecado, la culpa y el miedo a que seamos castigados, de modo que abandonemos la mente para escapar de la culpa y del inevitable castigo inventándonos un mundo y un cuerpo en el que nos escondemos. Y entonces cae un velo que nos hace olvidar de dónde venimos. Entonces nos inventamos más mitologías. Vengo de la unión de dos células: un espermatozoide y un óvulo. Así nací. ¡Todo es inventado! Aunque resulta muy convincente, y luego lo demostramos.

Luego inventamos ciencias que estudian cómo vinimos, y más adelante inventamos científicos locos que lo tergiversan. Y después inventamos teólogos locos que claman contra la blasfemia de crear vida en un tubo de ensayo o de destruir vida en un tubo de ensayo, o de destruir un feto. ¿Qué vida? *¿Qué? Nada.* ¡Brillante! ¡Absolutamente brillante! Cuando en realidad la verdadera causa del cuerpo y del mundo yace oculta en la mente, para nunca ser vista, para nunca ser invocada y, por lo tanto, para no ser nunca usada para volver a elegir. ¡Brillante! Estamos aterrorizados ante el amor, y estamos aterrorizados ante los símbolos del amor aquí, en el sueño.

El mayor símbolo del amor en el sueño son los *intereses compartidos*, porque el amor es unidad. El amor es bondad, es la ausencia de pensamientos dañinos, como vimos antes. Cualquier cosa que simbolice eso, como ver que tú y yo somos iguales, es *aterradora,* no por lo que es en el mundo de la percepción, sino por lo que señala, por lo que hay más allá del símbolo, que es que yo soy una mente. En el nivel de la mente todos somos iguales. Que yo te vea a ti y a mí como lo mismo, como cuerpos aparentemente aquí, es un paso para llevarme más allá del cuerpo hacia la mente, para volver a elegir allí.

Lo importante, entonces, es comprender que lo que pensamos que nos molesta o nos preocupa aquí en el mundo de los cuerpos, ya sea el dolor (dolor físico, dolor emocional o el dolor de las relaciones), y lo que sucede aquí, todo eso es una defensa inventada para desplazar nuestra atención de la mente (donde está el problema del ego —el poder de la mente para elegir—) al mundo y al cuerpo. Y entonces dedicamos toda nuestra atención y todos nuestros esfuerzos al mundo y al cuerpo, y olvidamos que somos mente, y que todos somos *una sola mente.*

Por eso es tan importante ver que aquí todo el mundo está librando una dura batalla. Aquí todos somos iguales. Eso simboliza el hecho de que venimos de la mente una, de la misma fuente y, si no volvemos a esa fuente, nunca podremos cambiarla.

¿Cómo llegamos a la mente?

K: ¿Alguien quiere decir algo para empezar?

P: ¿Cómo se llega a la mente? Y, cuando llegas a la mente, ¿sabes que has llegado?

K: ¿Cómo se llega a la mente? Y, cuando llegas, ¿sabes

que has llegado? Es una buena pregunta. En realidad, todo este curso trata de ayudarnos a llegar a la mente. De hecho, tu pregunta es realmente el corazón del proceso. El perdón es lo que lo hace.

La proyección da lugar a la percepción

Empiezas siendo consciente de que en realidad no estás contento con la forma en que percibes a todos y al mundo. Cuando estás cansado de sentirte tratado injustamente, cuando estás cansado de estar enfadado, deprimido, ansioso, temeroso, cuando te das cuenta de que el odio no puede ser la única opción y el miedo no puede ser la única opción, y pides ayuda, en efecto estás diciendo: "Tiene que haber otra manera".

La forma en que Jesús te ayuda no es haciendo algo aquí, como hemos estado diciendo una y otra vez. La forma en que te ayuda es haciéndote comprender que lo que estás percibiendo fuera no es ni más ni menos que una proyección de lo que percibiste primero dentro. Al principio del Capítulo 21, la introducción comienza con una frase que es una repetición de una frase anterior: "La proyección da lugar a la percepción" (T-21.in.1:1). Luego pasa a explicar que el mundo que ves es una "imagen externa de una condición interna" (T-21.in.1:5).

Así es como te ayuda. En otras palabras, no estamos en contacto con la mente. Somos criaturas sin mente. Ese es el propósito de estar en un cuerpo. No tenemos ni idea de lo que es la mente. Una pregunta que la gente se hace con frecuencia es: "¿Dónde está la mente?". Pues bien, no puede responderse porque no hay un "dónde". No está en un lugar. El tiempo y el espacio no existen hasta que la mente proyecta. La mente es atemporal y no tiene espacio. No atemporal en el sentido de ser eterna, sino sin tiempo, en el sentido de que no hay linealidad en la mente, y no hay espacio en la mente.

Cuando Freud hablaba del inconsciente, decía que en él no hay tiempo. Todos los pensamientos y sentimientos reprimidos ocurren simultáneamente. Por eso, a veces, los sueños parecen un batiburrillo, porque son la proyección de lo que hay en el inconsciente. Es muy difícil saber qué es una mente o dónde está porque no se puede ver. Un cerebro se puede ver. Un cerebro se podría diseccionar, se podría poner bajo un microscopio. Podrías analizar cómo funciona, pero no puedes hacer eso con una mente porque no es espacial ni temporal. Los físicos suelen usar la palabra "no local". Que no está en un lugar. *Locus* es la palabra latina que significa "lugar". La mente es no-local; es no-temporal. No se puede hablar de ella con sentido porque no hay nada que ver.

Tenemos que inferir [la existencia de] la mente de la forma en que percibimos el mundo. Hay una sección llamada "Las condiciones del aprendizaje", al principio del capítulo 14, en la que Jesús habla de la necesidad del aprendizaje indirecto (T-14.I.5:2). Esa es la frase, "aprendizaje indirecto", y básicamente está diciendo: "Me encantaría enseñarte directamente. Aquí todo es una ilusión. Solo existe el amor. Hasta la vista. Eso es todo. Dios es" (L-pI.169.5:4). "No hay nada más que decir". Eso es aprendizaje directo, excepto que no hay manera de que podamos llevarlo a cabo, y por eso existe el aprendizaje *indirecto*.

El aprendizaje indirecto es exactamente lo que estoy

diciendo. Observas cómo percibes el mundo exterior y de ahí infieres lo que hay en la mente; es indirecto. Si te acuso de algo, que por supuesto es la base de toda ira o de todo miedo (o de cualquier otra cosa), es una proyección de lo que me acuso a mí mismo en secreto. Lo que es útil, por tanto, con respecto a las relaciones —y por eso el *Curso* habla tanto de las relaciones— es que ellas, más que cualquier otra cosa en el mundo (especialmente las relaciones con la gente), son las proyecciones de lo que secretamente hemos hecho real y hemos creído en nuestras mentes.

Puesto que no tenemos forma de acceder a la mente, porque el cuerpo, el mundo y el cerebro fueron creados para proteger la mente de cualquier conciencia, necesitamos un Maestro interno que reinterprete para nosotros nuestras percepciones del mundo, y específicamente nuestras percepciones de nuestras relaciones. Un Maestro que nos diga: "Lo que estás viendo, de lo que estás acusando a esta persona, aquello a lo que tanto temes, es una 'imagen externa de una condición interna'" (T-21.in.1:5). Así es como nos ayuda. Por eso siempre insisto en que es un error (desde luego en lo que se refiere a este curso y a vivir este curso) pedirle a Jesús que te ayude a arreglar la proyección.

La forma en que te ayuda no es arreglando la proyección, porque "proyección" significa que no hay nada ahí fuera, porque "Las ideas no abandonan su fuente" (T-26. VII.4:7). La proyección dice: Las ideas *abandonan* su fuente. Eso es la proyección. Se equipara con la afirmación: Las ideas abandonan su fuente. Tengo un pensamiento de culpa en mi mente. Intento deshacerme de la culpa porque es muy, muy dolorosa e inaceptable para mí. Me deshago de la culpa proyectándola y ahora la pongo en ti. "Yo no soy el culpable que merece castigo. Eres tú".

Pero si las ideas no abandonan su fuente, la culpa permanece porque no va a ninguna parte, porque no hay ningún lugar adonde ir. No hay nada fuera de mí. Solo existe la ilusión de que hay algo fuera de mí. El principio en el que se basa el sistema de pensamiento del ego, "las ideas abandonan su fuente", eso es la proyección. Cuando proyectamos, tenemos la idea mágica de que "ahora estoy libre de los contenidos de mi mente". No solo estoy libre de los contenidos de mi mente, estoy libre de mi *mente*. No tengo mente. No tengo una mente, lo que en el *Curso* se equipara con ser un cuerpo.

Ser un cuerpo es estar en un estado de ausencia de mente. No hay forma de volver a entrar, porque no sé que hay un "dentro". Creo que hay un dentro de mi *cuerpo*, pero no sé si hay una mente, que es lo que el *Curso* entiende por "dentro". Por lo tanto, necesitamos algo y alguien que nos guíe de vuelta desde el país lejano al que hemos vagado, como el Hijo Pródigo, y que nos lleve de vuelta al *dentro*. El perdón y, en concreto, el milagro es el nombre que da el *Curso* al proceso de empezar donde creemos estar, que es aquí fuera, en el mundo de los cuerpos, donde nos vemos como víctimas inocentes de lo que la gente nos hace.

Una frase dice que estamos a merced de fuerzas que escapan a nuestro control (T-19.IV.D.7:4), empezando por nuestro nacimiento. No elegimos a nuestros padres. No elegimos nuestros genes. No elegimos nuestro estatus socioeconómico. No elegimos *nada*. Simplemente nacemos. No es culpa nuestra. Comenzando con eso, y todo sigue lógicamente. "No es culpa mía". Si por casualidad estás presente cuando nace un bebé, y el bebé llora, y escuchas atentamente, lo que el bebé está diciendo es: "¡Yo no lo hice!". Eso es lo que está diciendo. Escucha, la próxima vez que oigas llorar a un bebé, eso es lo que está diciendo: "¡Yo no he sido! No me culpes a mí. Alguien me *empujó* fuera y ni siquiera sé cómo he llegado aquí. Alguien me puso allí y me empujó, y yo soy inocente", y a partir de ahí todo va cuesta abajo.

Empieza mal y va a peor, como todos sabemos. Pero eso es lo que hay. Ese es el grito del inocente, "Yo no lo hice"; porque no sabemos de la mente. De nuevo, necesitamos un Maestro, necesitamos un sistema de pensamiento, necesitamos una espiritualidad que nos haga volver a la mente. ¿Por qué tenemos que volver a la mente? Porque ahí está el problema. El problema es que utilizamos mal el poder de nuestra mente para elegir el ego. Por lo tanto, tenemos que corregir nuestra elección equivocada y elegir al Espíritu Santo. Pero ¿cómo podría corregir una elección que ni siquiera sé que hice? Por eso es tan esencial volver a la mente.

"Debe haber otro camino"

Por lo tanto, como no sabemos que tenemos una mente y todo lo que sabemos es que somos cuerpos, en algún momento, normalmente en la mediana edad, nos damos cuenta de que esto no funciona. Todo lo que el mundo me ha enseñado, todo lo que me ha enseñado mi educación religiosa, todo lo que me ha enseñado cualquiera no ha funcionado. No me da la paz de Dios. Puede que me dé un poco de acción. Puede darme un pedazo de carne. Puede poner dinero en mi cuenta, y puede hacer todas estas cosas que el mundo dice que son tan importantes, pero *no* me da la paz de Dios.

En algún momento nos damos cuenta de que *eso* es lo que queremos. Como Bill le dijo a Helen aquella fatídica tarde: "Tiene que haber otra manera". Que es otra forma de decir: tiene que haber otro *Maestro*, o tiene que haber otro sistema de pensamiento distinto al que estoy usando, porque este no funciona. A eso se refiere Jesús en el capítulo 2 cuando dice que la resistencia de todos nosotros al dolor es alta, pero hay un límite, y cuando llegamos a ese límite decimos: "*Tiene que* haber un camino mejor" (T-2.III.3:5-6). Jesús no puede ayudarnos, el Espíritu Santo no puede ayudarnos, este curso no puede ayudarnos hasta que no pidamos el otro camino o el otro Maestro.

Por eso, en ese mismo capítulo 14 está la sección "Las condiciones del aprendizaje" y se habla del aprendizaje indirecto, y también está la sección llamada "El alumno feliz". Comienza con Jesús diciéndonos que el Espíritu Santo quiere que sepamos lo desdichados que somos (T-14.II.1:1-2); lo cual provoca una parada obligada. No quiere que sepamos lo felices que somos. No quiere que sepamos que somos hijos de Dios y que somos amados por nuestro Padre y que nunca Le hemos abandonado.

Jesús quiere que sepamos lo *desgraciados* que somos, porque no puede enseñarnos sin que aceptemos el hecho de que somos desgraciados. Como enseña a través del contraste, contrasta nuestro sistema de pensamiento, que nos ha traído desdicha, con *Su* sistema de pensamiento, que nos traerá paz. No puede enseñarnos si pensamos que somos felices.

Si pensamos que este mundo funciona, entonces él no puede enseñarnos. ¿Qué podría enseñarnos? Así que tiene que esperar a que aceptemos que somos desgraciados. Solo cuando admitimos que somos desgraciados y que necesitamos ayuda, puede ayudarnos. Es muy, muy importante comprenderlo. Él no puede ayudarnos a menos que primero aceptemos nuestra desdicha; no como los cristianos que han enseñado durante siglos que somos pecadores miserables, lo que da realidad al pecado. Simplemente somos desdichados porque aquí *nada* funciona.

Entonces, cuando pedimos ayuda con sinceridad, puede comenzar la enseñanza. La enseñanza comienza diciéndonos: "Mira, presta atención a lo que estás sintiendo acerca de esta persona, o de este acontecimiento, o de esta situación, y déjame ayudarte a darte cuenta (otra vez) de que lo que estás viendo fuera y a lo que estás respondiendo con tus sentimientos y tu comportamiento es una 'imagen externa de una condición interna'" (T-21.in.1:5). "La proyección da lugar a la percepción" (T-21.in.1:1). Todo ese pasaje es muy, muy importante porque, en cierto sentido, son las tripas del proceso.

Por eso el enfoque en las relaciones es tan importante dentro de este curso. Y es tan importante para el perdón, porque es en la otra persona donde más proyectamos, empezando por nuestros padres. *Siempre* estamos proyectando porque la culpa interna tiene que ir a alguna parte. Si no aceptas la culpa interna (y ninguno de nosotros lo hace), tenemos que deshacernos de ella y tiene que ir a alguna parte.

"El odio es algo concreto" (L-pI.161.7:1). Tiene que haber un lugar, tiene que haber alguien, alguna cosa o persona específica sobre la que puedas proyectar tu odio. Para eso nacieron los cuerpos. De hecho, una línea anterior de esa lección dice: "Así se hicieron los cuerpos" (L-pI.161.3:1). Por eso creamos un mundo de especificidades, de cuerpos, para que hubiera alguien ahí fuera sobre quien proyectar la culpa. Tengo que librarme de esta culpa de alguna manera. Así que me deshago de ella a través de la proyección y la pongo en ti. Quienquiera que sea ese "tú", ese objeto especial de amor o de odio. Necesito a alguien.

Así que el mencionado bebé que nace, llora y dice: "Yo no lo hice", lo que implica claramente es (de nuevo, si escuchas atentamente; si escuchas entre los llantos): "Alguien lo hizo y no fui yo". ¿Quién fue? Tuvieron que ser mis padres. ¿A quién más voy a culpar? No hay nadie más en la ciudad que yo conozca, pero están papá y mamá o quienquiera que sean sus sustitutos. "Son ellos los que lo hicieron".

Y por supuesto, desde el punto de vista de la biología eso es cierto. Hubo un espermatozoide y un óvulo. No eran *mi* esperma y mi óvulo; eran los suyos. O un tubo de ensayo; no importa, pero no eran míos. Y si no me alimentan a tiempo, ¿de quién es la culpa? No es culpa *mía*. Estoy indefenso en una cuna. Alguien no me ha alimentado a tiempo, o no me ha alimentado lo suficiente. Alguien no me ha cambiado con suficiente rapidez. Alguien no me ha cogido en brazos cuando yo quería que me cogieran. No es culpa mía. Los padres son los primeros objetos de nuestra proyección y, de nuevo, a partir de ahí todo va a peor. Y luego, poco a poco, ampliamos el ataque.

Invertir la proyección

En el *Curso* se nos dice que lo que el ego hizo para dañar, el Espíritu Santo lo utiliza para curar (T-25.VI.4:1).
Lo que el ego hizo para dañar son todas las relaciones
que tenemos; todas nuestras relaciones especiales. Esa es
la referencia específica. Eso es lo que el Espíritu Santo o
Jesús utiliza para que sea el vehículo de nuestra curación.
Lo que Jesús, como maestro nuestro, necesita es encontrar una manera de devolvernos a la mente para que podamos elegir de nuevo.

Sabes, por tu trabajo con él, que el *Curso* trata de eso:
de elegir de nuevo. La sección final del Texto es: "Elige de
nuevo". En la última sección Jesús expresa a Dios en
nuestro nombre, en esa hermosa oración final, su certeza
de que volveremos a elegir (T-31.VIII.10). Pero ¿qué es lo
que "vuelve a elegir"? La *mente*.

¡Bueno, pues no tenemos mente! ¿Cómo nos devuelve a la mente? Utiliza la proyección que el ego utiliza-
ba para protegerse, y le da la vuelta para que ahora se
convierta en el medio de deshacer el ego. La proyección
va de la mente al cuerpo. El *milagro* va del cuerpo a la
mente. Es una simple inversión. Eso es lo que quiere decir
cuando afirma que el Espíritu Santo nos lleva a ascender
por la escalera que la separación nos hizo descender
(T-28.III.1:2).

Lo que nos hizo descender por la escalera, que comenzó cuando salimos del Cielo (o eso pensamos), y lo que
nos hace descender es la *proyección*. Aterrizamos al final
de la escalera en tierra firme, en la tierra. Ahí es donde
creemos que estamos. Primero tuvimos que proyectar el

pensamiento de separación e inventarnos una tierra. Luego tuvimos que fragmentar el pensamiento de separación e inventar un cuerpo y más cuerpos, y luego terminamos como un cuerpo en el mundo. Esa es la escalera por la que la separación nos llevó y la proyección era el medio de descender.

El milagro es el medio de cambiar de rumbo y volver a subir. En un pasaje paralelo, Jesús nos habla de que el Espíritu Santo nos guía a través del loco "curso de la demencia" (T-18.I.8:5). El loco "curso de la demencia" es la escalera que nos llevó a descender. Comenzando con el pensamiento loco de que podíamos separarnos de Dios y terminando con la creencia de que ahí fuera hay un mundo y un cuerpo, y que nosotros somos cuerpos. El Espíritu Santo desanda este loco curso de demencia, y así volvemos a subir.

Esto se traduce concretamente en que aquí estamos en un mundo y en un cuerpo, y estamos en relaciones. Tenemos experiencias laborales, tenemos experiencias con amigos, tenemos familias, tenemos experiencias con nuestro propio cuerpo, tenemos relaciones con personajes públicos en el sentido de que reaccionamos a ellos, y en eso consiste nuestra vida. Todo tiene que ver con las relaciones. Si somos adictos a cierta sustancia, tenemos una relación con esa sustancia: comida, drogas, alcohol, dinero, lo que sea. Todas las relaciones especiales son adictivas. Somos adictos a las relaciones humanas porque creemos que eso es lo que necesitamos para ser felices.

Lo que Jesús hace cuando le pedimos ayuda es decirnos: "Voy a empezar el proceso de curación contigo donde crees que estás, que es en las relaciones que tienes aquí". La forma en que nos ayuda es redirigiendo nuestra atención, y diciendo que lo que estás viendo afuera es una imagen proyectada de lo que has hecho realidad adentro (T-21.in.1:5). Esto nos abre los ojos. Nunca supimos que había un "dentro". En otras palabras, nunca supimos que había una mente.

Siempre me gusta citar a Freud en este punto, porque básicamente él hizo el mismo proceso. En su monumental libro, *La interpretación de los sueños*, dijo: "La interpretación de los sueños es el camino real para entender las actividades de la mente inconsciente". Es una afirmación maravillosa. En realidad, esta frase ni siquiera estaba en el original; la añadió en una edición posterior. "La interpretación de los sueños es el camino real para comprender las actividades de la mente inconsciente".

En otras palabras, en sus primeros trabajos clínicos reconoció que existía un problema real, pero que no podía identificarlo. Sabía que el problema no tenía nada que ver con el síntoma que se presentaba. Necesitaba una forma de llegar al problema. Empezó interpretando sueños, primero los suyos y luego los de sus pacientes. Y se dio cuenta de que los sueños eran el camino real para volver a lo que estaba pasando en lo que él llamó el *inconsciente*, o la mente inconsciente.

Bueno, ¡Jesús hace *exactamente* lo mismo! Excepto que no solo interpreta nuestros sueños; interpreta *todo* como un sueño porque todo es un sueño. Utiliza nuestros sueños en estado de vigilia y los diversos símbolos, que son nuestras relaciones, como el camino real para hacernos comprender la actividad de la mente inconsciente. ¿Cuál es la actividad de la mente inconsciente? *Elegir*.

No es la culpa, no es el perdón, no es el ego, no es el Espíritu Santo. Es *elegir*. Esa es la actividad de la mente inconsciente. El problema es la parte de la mente que toma decisiones. Esa es la actividad. Curar la actividad de tomar decisiones es lo que lo deshace todo. Corriges la elección errónea.

El *Curso* nos dice que nunca estamos disgustados por la razón que creemos (L-pI.5). Esto ocurre cada vez que estoy molesto por cualquier razón, cada vez que no estoy totalmente en paz. En otras palabras, estoy exultante, extasiado, o estoy abatido, desesperado, enfadado, ansioso, temeroso, dolorido. Cada vez que no estoy totalmente en paz, es porque he elegido al ego. Es muy sencillo. Lo que me ayuda a darme cuenta de que he elegido al ego (el "yo" es el tomador de decisiones en mi mente) es prestar atención a lo que *siento*. Lo que siento no es real, no es verdad. Es una proyección. Pero tengo que empezar donde creo que estoy. Y creo que soy un cuerpo que es víctima de tu cuerpo, a merced de fuerzas que escapan a mi control (T-19.IV.D.7:4).

Pedir ayuda a Jesús es pedir un cambio de percepción; eso es el milagro. En lugar de percibir *hacia fuera* y pensar que hay algo ahí fuera y reaccionar ante ello, ahora redirijo mi percepción y percibo *hacia dentro*. Solo hay dos cosas que puedo percibir cuando miro en mi mente: el ego o el Espíritu Santo. Y elijo una o la otra. Todo lo que tengo que saber es cuál elegí. Si elijo el ego, ese es el problema; vuelvo a elegir. Para responder a tu pregunta media hora después, tienes que vigilar lo que pides. La manera de volver a tu mente es pedir ayuda para reinterpretar lo que sientes ahora.

Resistencia

Esto es más fácil de decir que de hacer. El problema
es que no *queremos* cambiar lo que sentimos. Lo que
este curso realmente nos ayuda a hacer, y por eso es
tan importante y es un sistema psicológico tan profundo —además de ser un sistema espiritual profundo—, es
ayudarnos a que nos demos cuenta de lo mucho que no
queremos cambiar cómo percibimos. En otras palabras,
no queremos ver la inversión que hacemos en estar eno-
jados, en vernos a merced de fuerzas, poderes y sucesos
que están más allá de nuestro control. Eso es lo que este
curso realmente hace. Esta es su verdadera base, y hay
una palabra para ello, que de nuevo debemos a Freud:
resistencia. Freud puso la resistencia en el mapa psicológico porque ayudó a la gente a darse cuenta de que los
pacientes no quieren mejorar, les gustan sus síntomas.

Hay una frase en el folleto de Psicoterapia en la que
Jesús dice que la culpa es algo que atesoramos, que abra-
zamos íntimamente. Por eso habla de "ceñirla estrechamente" (P-2.VI.1:3). No queremos desprendernos de
nuestra culpa. Y la forma en que nos aferramos a nuestra
culpa es aferrarnos a nuestra ira justificada. Porque si
pudiera justificar mi ira contra ti, estaría diciendo: "La
culpa es real, pero no está en mí; está en ti". Ahora bien,
la culpa *permanece* todo el tiempo en mí.

Debo darme cuenta de que no solo quiero atacarte y
sentirme injustamente tratado por ti, sino que también
quiero la culpa subyacente. Nadie en su sano juicio ad-
mitiría eso. Lo cual es otra forma de darse cuenta de que
todos estamos en nuestra mente errada. Todos estamos

locos. Nos *gusta* la culpa. ¿Por qué? Porque la culpa dice: "He pecado. Me he separado. La separación es una realidad". Si es una realidad, yo tengo razón y Dios está equivocado. Si es una realidad, yo tengo razón y este libro está equivocado, por no hablar de su Maestro.

Aunque la culpa es un precio terrible, estamos más que dispuestos a pagarlo porque la recompensa es aún más importante para nosotros: "Existo. Puedo ser desgraciado. Puedo ser infeliz. Puedo sentir dolor, pero hay un 'yo' que es desgraciado, infeliz y siente dolor". Mi ego es tan listo que me aferro a esto y no asumo ninguna responsabilidad porque: "*Tú* me lo hiciste". Por eso es tan importante comprender la dinámica de la proyección.

"Sí, soy desgraciado. Sí, la vida es terrible. Sí, desearía no haber nacido, pero no es culpa mía". Lo que significa que podemos tener el pastel del ego y comérnoslo también, aunque sea veneno. Sabe tan bien como el azúcar. Si tomas suficiente azúcar, enfermarás e incluso podrías morir. Conseguimos comer el pastel de la separación de nuestro ego. Yo existo. Estoy fuera de Dios, y mi dolor y sufrimiento lo demuestran, pero consigo disfrutar del pastel porque no es culpa mía. Tú serás castigado por el pecado, no yo.

Por eso, "el odio es algo concreto" (L-pI.161.7:1). De hecho, hay un párrafo que no voy a leer porque no soy tan mala persona, pero que sigue esa línea. Está en la segunda mitad de la Lección 161 y habla de la intensidad de la furia de nuestro odio y de nuestra proyección. Chilla de rabia y da zarpazos al aire deseando frenéticamente echar mano a su hacedor y devorarlo (L-pI.161.7-8). Nos gusta odiar porque nos gusta sufrir.

Lo que Jesús también nos dice al final del capítulo 24 es, en cierto sentido, una continuación de ese pasaje del principio del capítulo 21, que el mundo que vemos es "una imagen externa de una condición interna" (T-21.in.1:5). Dice que la percepción (que es otra forma de hablar del mundo) es una imagen exterior de un deseo. Un deseo, una imagen que queremos que sea verdad (T-24.VII.11:8-9). El mundo que vemos, el mundo de nuestra experiencia cotidiana, es un retrato de este deseo secreto. El deseo es conservar una imagen, y esa imagen es: "Existo, pero no es culpa mía", el rostro de la inocencia (T-31.V.4:1).

La vida de cada cual se construye en torno al cumplimiento de ese deseo secreto. Volviendo a citar a Freud, su forma de entender los sueños era la siguiente: "Todos los sueños son cumplimientos de deseos". Una vez más Jesús diría *exactamente* lo mismo sobre cada cosa en el universo físico, que es el sueño. Es el cumplimiento de un deseo secreto: "Yo existo, pero no es mi culpa". Piensa en el recién nacido. "Estoy aquí. Tienes que prestarme atención, pero yo no lo hice". Ese es el tema que impulsa la sinfonía de todo el mundo. La sinfonía de todos es simplemente un desarrollo, una variación de ese tema básico: "Estoy aquí. No puedes negar que estoy aquí, pero alguien me puso aquí, alguien me dejó aquí y no es culpa mía".

El deseo oculto de matar

Hay un pasaje más adelante, cerca del final del Texto, que dice que llegarás a darte cuenta de que: "[...] lo que ves en cualquier clase de sufrimiento que padezcas es tu propio deseo oculto de matar" (T-31.V.15:10). Bueno, *en realidad* es lo mismo, porque cuando digo: "Estoy aquí, existo, pero alguien más lo hizo", lo que en realidad estoy diciendo es: "Soy inocente". Si yo soy inocente, alguien más debe ser culpable. Si tú eres el culpable, la persona pecadora, Dios te castigará a ti en vez de a mí. Quiero que Dios te mate a *ti*, no a mí.

Este es mi deseo secreto de matar. En realidad la cara del asesino se disfraza de cara de inocencia (T-31.V.4-5). Casi al final del capítulo 27, Jesús habla de los dos sueños que tenemos. Hay dos capas de sueños. Está el sueño secreto y el sueño del mundo. El sueño secreto, que es la primera parte del sueño del mundo, es: "Yo soy el asesino. Soy el carroñero". El sueño del mundo es: "Alguien me está matando". El sueño del mundo es la tapadera del sueño secreto (T-27.VII.11:6-8).

Ocurre exactamente lo mismo en la sección titulada "El concepto del yo frente al verdadero ser". Casi al final de la sección está esa línea sobre "tu propio deseo oculto de matar" (T-31.V.15:10). En la primera parte de esa sección también habla de dos caras. Antes eran dos sueños; ahora son dos caras. La cara externa, que es *nuestra* cara, es la cara de la inocencia. Según dice, ese es el aspecto con el que "se actúa" (T-31.V.2:6). El mundo me hace. He venido a un mundo que yo *no* he fabricado. No vine a él por elección propia. Una vez que estoy aquí, el mundo también me impone su voluntad y me hace sufrir.

Pero luego dice que, debajo de esa cara, hay otra cara a la que el mundo *nunca* mira (T-31.V.5). Ahora bien, no especifica exactamente cuál es ese rostro, pero es el rostro del asesino. Hacia el final de esta sección es cuando realmente se ve ese rostro expuesto tal y como es. "En tu sufrimiento de cualquier tipo [que es el rostro de la inocencia] ves tu propio deseo oculto de matar" (T-31.V.15:10). Ese es el rostro del asesino.

Ese es el rostro del que asesinó a Dios, crucificó a Cristo, usurpó el poder de Dios como Creador y se estableció como su propio creador. Se inventó un yo, un mundo y un dios que son los sustitutos del verdadero Ser, del verdadero Cielo y del verdadero Dios. Esas son las dos caras, y ese es el deseo secreto. Yo existo, pero no es culpa mía. Soy el rostro de la inocencia. Y si no es culpa mía, lo que está claramente implícito es: "Es culpa de otro". Y no es muy difícil señalar con el dedo acusador. Empezamos con nuestros padres y luego, a medida que seguimos creciendo, pasamos por todas las demás personas de nuestra vida.

"No es mi culpa". Si estoy enfermo es que hay un virus. Si siento carencia y escasez es porque la bolsa se desplomó, o alguien me robó el dinero. "No es culpa mía". O: "Tomé una mala decisión empresarial porque soy estúpido, y porque me educaron para ser estúpido. No es culpa mía". Alguien me mintió. Si soy feliz, es porque esta persona maravillosa ha entrado en mi vida. Así que no soy feliz por *mí*; soy feliz porque otra persona me quiere. Siempre hay algo o alguien fuera de mí que me hace feliz o me entristece; que me hace sentir bien conmigo mismo o que me hace sentir fatal, "pero no es culpa mía".

De nuevo, el punto que estaba estableciendo hace un momento es que hacemos una tremenda inversión en perpetuar la cara de inocencia, lo que significa que hacemos una tremenda inversión en vernos injustamente tratados. Por eso existe esa maravillosa frase en la que Jesús dice: "Cuídate de la tentación de percibirte a ti mismo como que se te está tratando injustamente" (T-26.X.4:1). La razón por la que esa frase está ahí es que *queremos* ser tratados injustamente, y sabemos que siempre nos sentimos tratados injustamente, ¡pero no es culpa nuestra! Así se cumple el deseo secreto.

Para que ese deseo se cumpla, necesito ser tratado injustamente y poder señalar con el dedo acusador (por citar la famosa frase del *Curso*) diciendo: "Mírame, hermano, por tu culpa muero" (T-27.I.4:6). Por tu culpa sufro. Por tu culpa estoy sufriendo, por tu culpa estoy triste, por tu culpa estoy deprimido. No es culpa mía. Por tu culpa nací. Por tu culpa muero. Esto es lo que este curso realmente hace por nosotros. Expone no solo el horror y la locura, sino la crueldad del sistema de pensamiento del ego.

Preguntas

El dolor del miedo

P: Realmente quiero entender esto. Me gustaría llevarlo a algo de mi vida personal y aplicarlo.

K: ¿Me va a hacer llorar? ¿Me horrorizará? ¿Me escandalizará? ¿Me deprimirá? Hoy me sentía muy bien.

P: *Me* hará todas esas cosas.

K: Oh, tú no me importas. [Risas]. Muy bien, adelante.

P: Vale, allá va. Una de las razones por las que tengo estos sentimientos suicidas es porque el miedo me resulta muy doloroso en mi vida y entonces digo: "Ya está. Ya he tenido suficiente. Quiero salir de esto". Una de las cosas que me provoca un miedo enorme (tengo una reunión con ellos el viernes) son los clientes en el trabajo. Tengo visita con los clientes una vez cada dos o tres meses. Me aterrorizo. Y el dolor es tan fuerte que pienso: "Tío, solo quiero suicidarme y salir de este mundo". Mis clientes me aterrorizan. Se sientan a mi alrededor y yo estoy en el centro de todo. Dicen: "Quiero esto. Quiero eso. ¿Por qué aquello no funciona? Arregla esto. ¿Por qué lo estás haciendo así? Hazlo más rápido... o lo que quiera que digan". Yo solo digo: "¡Ya basta!". El dolor es tan terrible. El miedo es tan terrible. ¿Qué está pasando realmente detrás de todo eso?

K: No quieras saberlo.

P: Creo que acabas de describirlo todo, pero me cuesta mucho aplicarlo.

K: Déjame empezar diciendo que probablemente hay cosas específicas que podrías hacer para aliviar la ansiedad en el nivel en que la estás sintiendo. Pero no quiero entrar en eso ahora. Lo haré en otro momento. A la luz de lo que estamos hablando, lo que tendrías que darte cuenta es que hay una parte de ti a la que le gusta sentirse así. No da la sensación de que sea así. Todo este sistema [del ego] es así de inteligente y estamos muy acostumbrados a él. Porque nadie diría: "Disfruto estando ansioso. Disfruto sintiéndome aterrorizado. Disfruto sintiéndome deprimido. Disfruto sintiéndome culpable". Nadie diría eso porque la sensación es horrible. Y eso es lo que hace este curso.

Esa es otra razón para darse cuenta de por qué a nadie le gusta realmente este curso, a pesar de lo que digan. Si creen que les gusta, es que no saben lo que dicen. Porque este curso expone la mentira en cada uno de nosotros: que nos *gusta* sentirnos así. Ahora bien, no parece ser así.

Casi es doloroso tener que mirar a este hecho. Porque esto significa que tú eres el responsable de la ansiedad; no tus clientes a los que vas a ver el viernes; no la forma en que te educaron para que dijeras: "Bueno, por eso me siento tan inadecuado. Me siento tan esto y aquello". Una parte de ti no quiere desprenderse de esa imagen.

En ese mismo pasaje del anexo de Psicoterapia que he citado sobre "ceñir estrechamente" la culpa (P-2.VI.1:3), Jesús dice que la curación se produce cuando el paciente reconoce que el canto fúnebre que está entonando se lo canta a sí mismo (P-2.VI.1:5-6). Por doloroso que sea el canto fúnebre, se trata de darse cuenta de que una parte de ti está sacando provecho de él. Y solo cuando puedas ver realmente el rendimiento que le estás sacando, podrás decir: "Ya no quiero esto".

Por mucho que digas que ya no lo quieres, otra parte de ti sí lo quiere, y por eso no cambia. Sin importar qué cosas externas puedas hacer para aliviar la experiencia de ansiedad o los pequeños trucos que puedas utilizar para superar las sesiones, eso puede que ayude temporalmente, pero no solucionará el problema. Puede que ayude a aliviar temporalmente algunos de los síntomas exacerbados, pero tendrás otra reunión el mes que viene y ocurrirá algo parecido.

Hay una parte de ti que *quiere* sentirse así de mal, y eso es lo que resulta tan difícil de aceptar. "Y lo que ves en cualquier clase de sufrimiento que padezcas es tu propio deseo oculto de matar" (T-31.V.15:10). "Me lo están haciendo *a mí*". O "El sistema me lo está haciendo". O "Mis padres, con la mala educación que me dieron, son ellos los que me lo hicieron". "Alguien me lo está haciendo", y así tú te libras.

Los pensamientos suicidas se vuelven muy tentadores porque esa es la máxima expresión de: "Mírame, hermano, por tu culpa muero" (T-27.I.4:6). "Este mundo es tan doloroso y tan horrible, y me causa tanta angustia que está justificado que me quite la vida porque no puedo soportarlo más". Entonces tienes que darte cuenta de que hay una parte de ti que se regodea en *ese* pensamiento, porque esa es la cumbre de este sistema de pensamiento. Si no puedes matar a otros, entonces te matarás a ti mismo. Por eso está esa frase que dice: "Existe el riesgo de pensar que la muerte te puede brindar paz" (T-27. VII.10:2), porque tenemos la esperanza: "Bueno, cuando me muera todo esto acabará".

¡Pues no se acabará! Yogi Berra, un famoso jugador de béisbol, dijo: "El juego no se acaba hasta que se acaba". No se acaba porque los pensamientos que dan lugar a tu experiencia de ti mismo como desesperado, deprimido y ansioso siguen ahí. No se han ido a ninguna parte porque, de todos modos, nunca estuvieron en tu cuerpo. Nunca estuvieron en lo que consideramos nuestra psique. Siguen estando en tu mente, y por eso es arriesgado pensar que la muerte nos da paz. No se gana nada. Sé que te he animado. En realidad me siento mejor por haber dicho todo esto. [Risas].

P: Has dicho que tengo que fijarme en el "rendimiento" que les saco a esos pensamientos de suicidio.

K: Realmente eso es lo que tienes que hacer, y darte cuenta de que les estás sacando partido.

Ansiedad que produce ansiedad

P: He estado leyendo algo sobre la teoría de sistemas y la ansiedad y cómo...

K: ¿Por qué demonios estás haciendo *eso*? Ya lo sé. Tienes que hacerlo.

P: Tengo que hacerlo.

K: ¿Pero, cómo consigues mantenerte despierto?

P: Bueno, la verdad es que es bastante interesante.

K: ¿Sí?

P: Pero la cuestión es que es totalmente contrario al *Curso*, en el sentido de que habla de la ansiedad como algo que puede pasar de una persona a otra, del mismo modo que puede pasar una bacteria, supongo. En cierto sentido, es cierto que las personas parecen infectarse con los sentimientos y las emociones de los demás. ¿Qué está pasando ahí? Lo sé, pero quiero oírte hablar de lo que ocurre ahí.

K: Muy bien, ¿esto es un examen?

P: Sí, puede ser. En términos de nuestra experiencia, realmente nos afectan las emociones de otras personas. No tanto por lo que hacen o dejan de hacer (eso también nos afecta), sino que nos afecta lo que sienten.

K: Sí, es cierto. Veamos un ejemplo que utilizo siempre: aquí hay un lápiz, lo suelto y el lápiz se cae. "¿Por qué se ha caído el lápiz?". Y tú dices: "Bueno, por la ley de la gravedad. Lo tenía en la mano y se me cayó". No se cayó por eso. El lápiz se cayó porque yo y todos los demás hemos establecido el acuerdo de creer en una ley que inventamos llamada "ley de la gravedad". Fabricamos un mundo y un cuerpo que obedecen la ley de la gravedad.

Cuando salimos de la tierra y vamos al espacio, entonces obedecemos otra ley que *no* es la ley de la gravedad. Por eso ocurre. Pero el 99,99% de la gente dirá: "Bueno, el lápiz ha caído debido a la ley de la gravedad".

Mucha gente diría: "Bueno, la razón por la que estoy ansioso, o por la que la gente está ansiosa, es porque hay ansiedad en la sociedad". O hay ansiedad en un sistema específico, ya sea un sistema familiar o laboral, un sistema político o el mundo en general y sí, la ansiedad es contagiosa. Eso es cierto, igual que la ley de la gravedad es cierta dentro del sueño. Pero el sueño es un sueño. Fuera del sueño, la razón por la que me pongo ansioso no es porque forme parte de un sistema que se pone ansioso.

La razón por la que estoy ansioso es que elegí formar parte de un sistema que da la *apariencia* de inducir ansiedad para que yo pueda decir: "No es culpa mía. Sí, claro que tengo ansiedad porque, mira, vivo con gente loca. Vivo en una sociedad loca. Si la sociedad cambia me sentiré mejor". Bueno, eso es perfecto: me he librado.

Los psicólogos son muy, muy astutos; muy ingeniosos con todo esto. Hay un cierto nivel en el que es verdad, excepto que no es verdad. Cuando yo estudiaba, lo más importante (porque entonces empezaba a aparecer la terapia familiar) era la idea de que son las familias las que vuelven esquizofrénicos y locos a los niños. Yo trabajaba mucho con niños perturbados y entonces no había duda de que era cierto, ¡pero no lo es! Funcionaba, y ayudé a mucha gente, y mucha gente ayudó a mucha otra gente con eso, ¡excepto que no es cierto!

P: Nuestro trabajo es aprender a salir de ese sistema y a entrar en contacto con la mente.

K: Sí, aprender sobre el sistema. Es útil aprender cómo piensa el mundo. Si estás construyéndote una carrera profesional, estudia lo que tu profesión diga que debes estudiar y comprende cómo piensa la gente. Pero no te lo *creas*. Lo único que puedo decirte es que lo que me ayudó a terminar la carrera fue no creérmelo. Se me daba bien, pero sabía que todo era una estupidez en el sentido de que eso no es lo que ocurre. Pero, cuando vives en el mundo, es útil saber cómo piensa el mundo; de lo contrario, no puedes funcionar.

P: Y es muy difícil no formar parte de él, porque una vez...

K: Ese es el reto.

P: Cuando sientes ansiedad, ¿qué haces? Sientes esa ansiedad y sabes que es parte de este sistema. Sabes que no es verdad, pero aún así la sientes como si lo fuera, ¿entonces?

K: Sí, pero entonces dices: "En mi ansiedad de cualquier tipo, veo una ocultación de mi propio deseo secreto; mi deseo oculto de matar" (T-31.V.15:8-10), y eso significa culpar a otro por ello.

P: ¿Así que das un paso atrás y lo miras?

K: Sí. No hay duda de que las familias pueden volver locos a los niños, pero el niño *eligió* venir a esa familia. Recuerda que el tiempo no es lineal y que todo ha sucedido ya. Entonces, ¿por qué elijo reproducir una cinta de vídeo antigua, para repasar mentalmente lo que ya ha ocurrido, como dice el Libro de ejercicios? (L-pI.158.4:5). Es porque ahora elijo ser el niño de una familia esquizofrenogénica, lo que significa que mi familia me causa esquizofrenia, me vuelve loco. Elijo tener genes portadores de una debilidad genética que me hará psicótico. Elijo todo esto para poder decir con toda inocencia: "Yo no he sido. Sí, estoy loco y sí, he matado a gente y he abusado de la gente, y he hecho todas estas locuras, ¡pero estoy tan loco como cualquiera!".

Como aquel famoso tipo de Nueva York, hace treinta años, "el Hijo de Sam". ¿Recuerdas al tipo que mataba gente y contaba que su perro le decía que debía matar? ¿Lo recuerdas? Creo que acaba de salir de prisión. Creo haber oído eso o algo parecido, treinta años después. Bueno, él no lo hizo; su perro le dijo que lo hiciera. ¿Qué diferencia hay entre decir: "Mi perro me dijo que debía matar gente" o "El Espíritu Santo me dijo que debía matar gente en Su nombre"? O "Estoy loco porque mis padres me maltrataron y me dieron mensajes contradictorios. Por supuesto que estoy jodido". Bueno, yo elegí esto. No el "yo" que piensa que ha sido maltratado, este cuerpo, sino que mi mente lo eligió porque es una forma maravillosa de decir: "¡Soy inocente!".

En algún momento, digo: "Ya no quiero esto", estoy harto de sentirme a merced de fuerzas que escapan a mi control y que no puedo cambiar (T-19.IV.D.7:4), y pido ayuda para resolver la situación que mi ego eligió como forma de demostrar que yo soy la víctima inocente y otras personas serán condenadas por mi culpa. Entonces esa misma familia, esa misma situación, podrían convertirse en un instrumento para mi curación si me doy cuenta de que, sea lo que sea lo que hayan hecho, sea cual sea mi composición genética, sea lo que sea lo que el mundo haya hecho, no tiene nada que ver conmigo. "No soy víctima del mundo que veo" (L-pI.31). Esa es la salida, y eso trasciende el sistema.

No hay duda de que los sistemas te vuelven loco. No hay duda de que vivimos en una sociedad demente. Pero no tengo por qué formar parte de esa sociedad en el sentido de ser una víctima. Aprendo la lección formando parte de la sociedad, pero aprendo que no soy parte de ella. Recuerda la famosa frase bíblica: "Estar en el mundo y no ser del mundo". Si vas a vivir en el mundo, es muy útil que sepas cómo funciona: el mundo de las relaciones, el mundo personal, el mundo de los cuerpos, cómo funciona tu cuerpo, qué funciona para tu cuerpo, qué no, cómo piensa tu profesión, cómo funciona tu profesión, pero al mismo tiempo date cuenta de que no eres del mundo. Estás en él pero no eres de él, y eso es lo que te libera.

La resistencia a ver la dura batalla de otro

P: El viernes, Odea tiene que tratar con sus clientes, y ya está temblando al respecto. ¿Sería útil ver que los clientes proyectan su culpa en Odea y van a arremeter contra él el viernes? ¿Odea tiene que verlos como si estuvieran librando su propia dura batalla?

K: Sí, desde luego. Vamos a acabar llegando a eso, pero antes tiene que mirar su resistencia a hacer exactamente lo que acabas de describir. Verás, la forma de salir de la situación es no sentirse amenazado por los clientes y no verlos como diferentes a él, que es donde iremos un poco más adelante. Pero, antes de llegar ahí, Odea tiene que querer llegar ahí.

El problema es que no *quiere* llegar al lugar del que hablas porque le gusta sentirse tratado injustamente, como nos gusta a todos nosotros. Primero tiene que ver la re-

sistencia antes de poder decir: "¿Cuál es la respuesta?".
Nunca oirá la respuesta, que es: "Sé bondadoso, porque
todos aquellos con los que te encuentras están librando
una dura batalla". Nunca oirá esa respuesta mientras no
quiera oírla. Primero tenemos que reducir su resistencia
a oírla, para que la oiga. Entonces hará exactamente lo
que acabas de decir. Pero primero hay que deshacer la
resistencia.

P: ¿Y *entonces* eres capaz de ver que están librando
una dura batalla?

K: Sí, y entonces no ves que ellos sean diferentes. Ves
que están librando la misma dura batalla que tú. Y la forma en que luchamos nuestras duras batallas, desgracia-
damente, es proyectarlas en otras personas. No los verá
diferentes de sí mismo. Ahora bien, la clave es deshacer
la resistencia. En cierto sentido, todo el mundo tiene esa
sensación. Creo que todos en la sala sois estudiantes sin-
ceros de este curso. Muchos de vosotros habéis estado
trabajando con él durante muchos, muchos años. Sabéis
lo que dice, y estoy seguro de que sentís la frustración de
no *vivir* siempre lo que dice.

¿Por qué no vives lo que dice si crees que es la verdad?
Sabes que lo que dice es verdad. Sabes que funciona. Ha
habido momentos de tu vida en los que realmente *ha*
funcionado y te has sentido de maravilla. ¿Por qué no lo
haces todo el tiempo? Bueno, la respuesta es porque no
queremos soltar nuestro ego. Eso es la resistencia.

Volviendo a citar a Freud, él llegó a comprender la
resistencia porque en sus primeros trabajos no podía
entender por qué sus pacientes no mejoraban cuando
él sentía que había descubierto el problema. Entonces
se dio cuenta, a través del sueño de un paciente, de que

este *no quería* mejorar. El paciente quería demostrar que Freud estaba equivocado. Eso abrió todo un nuevo campo para él. De repente se dio cuenta de que *ese* era el problema. Así que tuvo que deshacer la resistencia. Tuvo que ayudar al paciente a analizar la resistencia. Cuando la resistencia desaparecía, entonces se aceptaba la curación.

La razón por la que la gente no progresa más rápidamente en su experiencia de este curso es porque no *quiere*. Por eso está esa frase: "Cuídate de la tentación de percibirte a ti mismo como que se te está tratando injustamente" (T-26.X.4:1). Hasta que eso no desaparezca o disminuya, nunca adoptaremos una visión y un sistema de pensamiento que diga que nadie está siendo tratado injustamente; ni yo ni nadie. Lo que hay que deshacer es la resistencia. Lo que Odea tiene que hacer es darse cuenta de lo cansado que está del dolor de esa experiencia del viernes y de otras. Cuando pueda mirarla y decir: "De verdad que ya no quiero esto", entonces el sustituto de su percepción será la visión que acabas de describir.

Mi propio deseo de matar

P: Ayer, mi resistencia era que sabía que tenía problemas para estar en contacto con el odio. Es como que puedo tratar con el miedo, ¿pero el odio? Me di cuenta de que, en mi sueño, mi deseo oculto de matar es que *quiero* la guerra en Irak.

K: ¿Quieres la guerra de Irak?

P: La *quiero*. La necesito porque no es culpa mía. Hay gente horrible haciendo esa guerra.

K: Creo que lo que estás diciendo le quita toda la gracia a los movimientos pacifistas, porque la verdadera gracia de los movimientos pacifistas es sentirse justificados por odiar a los malos. En cierto sentido, eso es lo que insinuaba ayer en mi intervención inicial cuando dije que para practicar esto de verdad hay que darse cuenta de que *todo el mundo* está librando una dura batalla, incluidos los malos; y ver realmente nuestra inversión en querer que otras personas sufran para poder señalar con el dedo acusador y decir: "*Vosotros* sois los malos", no yo. Y, desde luego, no las personas que sufren en Irak. No son los soldados estadounidenses asesinados, etcétera. Los malos son los que les están enviando allí... ¡Vaya, esto es maravilloso, toda esta gente está de acuerdo conmigo! Por eso los movimientos pacifistas siempre acaban fracasando, porque no son pacíficos: no se dan cuenta de que *todo el mundo* está librando una dura batalla, no solo las víctimas, también los victimarios.

P: Yo conocía esa parte, pero con lo que realmente no estaba tan en contacto era con *mi* deseo oculto de matar.

K: Sí, es muy útil verlo, lo que significa que no eres diferente de las personas que fabrican las bombas, las lanzan, deciden lanzarlas. Es lo mismo. La idea es que quieres que el pecado caiga sobre ellos. Hay una línea cerca del principio del capítulo 27 que habla muy específicamente de toda esta necesidad de sufrir, de castigar a otras personas, y dice que los "pecados de tu hermano están escritos en el Cielo [...] y van delante de él" (T-27.I.3:2). En otras palabras, Dios verá *tus* pecados en el Cielo y los verá porque va a ver mis heridas.

Por eso la crucifixión es un mito occidental tan poderoso, porque se ven las heridas de Jesús y se las *hicimos* nosotros. Y la mayor locura es que Dios montó todo esto. Ves que los pecados de otro están escritos en el cielo y van delante de él. Esto significa que Dios te tomara *a ti* y te condenará al infierno. Yo, la víctima inocente, volveré con Dios al Cielo. Esa es la verdadera atracción.

P: En mi caso, veo toda esta psicología de ser una "buena chica", de ser una buena estudiante... Me lo he creído, ¿sabes?

K: Y ahora eres una buena ciudadana porque te opones a la guerra.

P: Sí.

K: No importa de qué lado de la valla política estés mientras haya alguien al otro lado. No importa si eres liberal o conservador, republicano o demócrata. No importa porque todos son nombres para diferentes caras de la misma moneda. Hay una valla, hay un pasillo. En otras palabras, hay una línea de demarcación que *me* separa de ti; *nos* separa de ellos, y eso es lo único que importa. Mientras haya un "nosotros/ellos", sabrás que el ego está vivito y coleando. Invertir en eso te impide tener la visión que dice: "Sé bondadoso, porque todos aquellos con los que te encuentras están librando una dura batalla". Lo repito una y otra vez. Esa es *la* parte más difícil de este curso.

En algún momento del próximo año voy a hacer un taller llamado "Las dos palabras de la salvación". Os voy a adelantar algo: las dos palabras son *sin excepción*. Esa es la clave: "sin excepción". Esa es la parte difícil de este curso. Debes perdonar *sin excepción*; eso es la salvación. La salvación no se puede comprar a costa de otra persona. Lo que ayuda, como dice Cara, es darse cuenta de cuánto quieres que sufran los demás, ya sea la gente de Irak, ya sea la gente de este país, ya sea la gente de tu familia, ya seas *tú*.

Crucificado y crucificador

Otra frase que cito con frecuencia es de un libro de Sebastian Moore, que fue monje cristiano. Se titula *The Crucified Jesus is No Stranger* (Jesús crucificado no es un extraño). En ese libro dice: "Si hay un crucificado, hay un crucificador". Ese es el error de la historia cristiana. Si hay un crucificado, hay un crucificador, lo que significa que hay un "bueno" y un "malo". Hay una víctima y hay un victimario.

Eso es lo que falla en *toda* la teología cristiana, que, por supuesto, descansa en la crucifixión. Pero eso es cierto para todo el mundo. Por eso es *el* mito occidental, ¡porque es el mito del ego! "Yo elijo; yo quiero ser el crucificado". Cuando Odea entre en esa sala el viernes, entrará así [Ken posa como si estuviera crucificado]. Está en la cruz, "y me lo están haciendo a mí". Pero todos hacemos eso. El título de la sección en la que aparece esa línea ("los pecados de tu hermano están escritos en el Cielo") es "El cuadro de la crucifixión" (T-27.I). No es un cuadro de Jesús en la cruz.

Es una imagen de *cada uno* de nosotros en nuestra propia cruz, en la que nos colocamos a nosotros mismos y damos el martillo y los clavos a los demás y les decimos: "¡Toma, crucifícame, por favor!". Así que Odea entra allí el viernes con un martillo y unos clavos, y les dice a los de ese grupo: "Aquí estoy. Golpeadme". Y al final Dios verá que yo soy la víctima inocente. Por eso el Jesús crucificado no es un extraño; él es *cada uno* de nosotros. Ese no es el Jesús de este curso, pero es el Jesús que adoramos. Que seas cristiano o no es irrelevante, porque todos lo emulamos; por eso es un mito tan poderoso. Ha inspirado una gran literatura, grandes cuadros, una gran música, pero todo es inventado. Y está hecho a nuestra imagen y semejanza. Nosotros somos los crucificados.

Así que otra forma de hablar del primer llanto del niño es compararlo con la crucifixión: "¡Tú me has hecho esto! Yo no quería estar aquí". Y eso es lo que vivimos. Ese es el tema de la sinfonía de nuestra vida, que repetimos una y otra vez. Las únicas diferencias entre nosotros son las variaciones del tema, pero el tema es el mismo.

P: ¿Y al hacer eso también somos el crucificador?

K: *¡Claro que sí!* De hecho, todo crucificado es realmente un crucificador. Las personas más despiadadas y asesinas sobre la faz de la tierra son las *víctimas*, porque en su sufrimiento están señalando con el dedo y diciendo: "¡Tú me hiciste esto!". Y eso nos encanta. ¿Cómo se llamaban a sí mismos los primeros cristianos? Se llamaban *mártires*. La palabra griega "mártir" significa "testigo". Daban testimonio: "Mira lo que me has hecho".

Por eso Jesús dice en el *Curso*: "No ando en busca de mártires, sino de maestros" (T-6.I.16:3). Pero nosotros somos mártires; siempre estamos dando testimonio. Por la noche hay una emisora que emite noticias de Oriente Medio. Es muy diferente de lo que se ve aquí. Cuando matan a palestinos, en sus noticiarios se refieren a ellos como "mártires". Eso les encanta. No estoy exonerando a los israelíes. Pero a todos les encanta ser martirizados.

Se les llama "mártires" porque dan testimonio del hecho: "Yo no lo hice. Yo soy el rostro de la inocencia".

Esa es una sección muy, muy importante, "El cuadro de la crucifixión" (T-27.I). Por cierto, ahí es donde aparece la frase: "Mírame, hermano, por tu culpa muero" (T-27.I.4:6). Al final de esa sección, Jesús dice: en lugar de ese mensaje, dale este otro mensaje a tu hermano, "Contémplame, hermano, gracias a ti vivo" (T-27.I.10.7). Esto significa: lo que sea que hayas hecho o dejado de hacer no ha tenido ningún efecto sobre mí. El problema es que *queremos* ser tratados injustamente. Queremos que nos crucifiquen. Queremos ser martirizados. Queremos que la gente nos corte el paso en la autopista. Queremos que nos maltraten. Queremos que nos despidan. Queremos que nos tiren la sopa por encima en un restaurante. *Lo queremos*, porque así podemos decir con toda justificación: "Contémplame, 'X', me estás haciendo sufrir". Y nos encanta; nos deleitamos en ello.

He contado otras veces la historia de un paciente mío de hace muchos, muchos, muchos años cuya novia acababa de romper con él y estaba destrozado. Semana tras semana venía y se lamentaba de su terrible destino hasta que un día me dijo: "De repente me he dado cuenta de lo que me has estado diciendo". Y añadió: "Me di cuenta de que mi dolor era exquisito". Me encantó esa frase. Es maravillosa. Eso es lo que dijo: "Mi dolor era exquisito", es decir, que le encantaba el hecho de que le doliera tanto, de que le rechazaran tanto, de que le despojaran tanto, y hacía una inversión en ello.

Ahora bien, eso no le hace necesariamente responsable de que su novia le dejara. Tal vez él la alejó; he olvidado los detalles. Él no es responsable de lo que hacen los demás, pero sí era responsable de deleitarse, de amar el dolor que es el resultado de lo que hizo otra persona. Eso es lo que es tan difícil. Sin duda es lo más difícil de este curso. Lo difícil no es la metafísica. Lo que es tan difícil es reconocer cuánto no queremos perdonar; cuánto queremos vernos tratados injustamente y cuánto no queremos ver que todo el mundo está librando una dura batalla. Lo que realmente quiero es que los demás vean lo dura que es la batalla que *yo estoy* librando.

El viernes, Odea quiere entrar en esa oficina y que todo el mundo en esa sala vea lo dura que es la batalla que *él está* librando y el importante papel que los presentes allí desempeñan en su dura batalla. Porque entrará de nuevo allí, con esos clavos, y dirá: "Por favor, volved a clavarlos; la última vez no fue lo suficientemente fuerte. No hicisteis un buen trabajo. Esta vez hacedlo mejor. Hacedme daño; hacedme sentir desgraciado. Hacedme sentir impotente. Hacedme sentir inadecuado. Hacedme sentir que no puedo resolver el problema. ¡Hacedme sentir, hacedme sentir, hacedme sentir!". La única forma de que Odea deje de hacer eso es dándose cuenta de lo mucho que lo desea, pobre, pobre bebé. [Risas].

Invitar al dolor

K: Quiero que Odea tenga la última palabra porque se le ha tratado muy injustamente. Ya me siento culpable por cómo le estoy atacando. Es *terrible*. [Risas].

P: Siento como si pasara mucho tiempo temiendo el viernes, temiendo que llegue el viernes, ¿y tú dices que estoy deseando que llegue el viernes?

101

K: Estoy diciendo eso; lo siento. Sí, lo estoy diciendo. A veces soy perverso. Sí, pero eso es realmente lo que estoy diciendo. Igual que mi paciente decía que había una exquisitez en su dolor, hay una exquisitez en este temor. Lo que deberías decirte a ti mismo es: "¿Quién sería yo sin ese pavor, sin esa ansiedad, sin esa depresión?".

El deseo de ser genial

P: ¿Puedes explicar qué hay detrás del deseo de ser especial o del deseo de ser grande en algunas cosas? A lo largo de mi vida, el enfoque, la cosa en la que "ser genial" ha cambiado, pero siempre ha existido eso, y definitivamente ha sido un enfoque crucial en mi vida. Quiero entenderlo.

K: ¿Por qué?

P: Sí, sé que probablemente detrás de ello está la decisión del ego, pero solo quiero...

K: Probablemente, sí. De lo que estás hablando es de una especie de necesidad de ser grande en algo, de tener éxito. Siempre que sientes algo, cuando hay una necesidad de hacer algo, una necesidad de estar con una persona, una necesidad de tomar una copa, una necesidad de tener un trabajo, una necesidad de sobresalir; sea lo que sea, hay una presión interior, entonces sabes que es tu ego, porque el amor no necesita nada. El amor es; no necesita nada. Eso te alerta inmediatamente. Otra forma de decir lo mismo es que siempre que hagas una inversión en algo, en hacerlo bien o en fracasar —como Odea, una inversión en ser tratado injustamente el viernes, siempre que haya una necesidad, siempre que haya una inversión—, eso te está diciendo que es el ego y es el deseo de ser especial.

Así que la pregunta es: "¿Por qué?". ¿Por qué necesitas ser grande en algo? Lo más probable es que necesites ser grande en algo porque sientes que eres justo lo opuesto. Este es un ejemplo de otro concepto freudiano: la formación reactiva, en el que te comportas y actúas de forma contraria a lo que realmente crees. Un ejemplo muy claro es lo que se suele denominar *contrafobia*, que consiste en ir en contra de aquello a lo que se tiene fobia. Si tienes miedo a las alturas, demuestras que no te dan miedo alquilando un apartamento en el piso 20 de un edificio. Eso demuestra que no tienes miedo a las alturas. Lo único que demuestra es que te *aterrorizan* las alturas, pero lo niegas.

En cierto sentido, cuando tienes la necesidad de hacer algo, cuando protestas a alguien por lo mucho que le amas, ¿por qué haces eso? Si realmente le amaras, simplemente le amarías. Cuando tienes la necesidad de protestar y decir: "Te amo", es porque realmente le *odias*, de lo contrario no tendrías que hacerlo. ¿Por qué la gente siempre tiene que decirle a Dios cuánto le ama? Porque realmente le odian. ¿Por qué tienen que confesar que el Señor Jesucristo es su salvador? Porque quieren crucificarlo de nuevo. "¿Cómo te atreves a bajar de la cruz?".

Siempre que hay una necesidad, siempre que haces algo con fuerza, es muy útil considerar la posibilidad de que tal vez, solo tal vez, solo ese día, en realidad estás haciendo lo contrario. Cuando tienes la necesidad de hacer grandes cosas y tener éxito, probablemente es porque sientes justo lo contrario. Te sientes inadecuado, te sientes fracasado, y hacer grandes cosas y llamar la atención por hacer grandes cosas y tener éxito es tu tapadera para que nadie lo sepa nunca. ¿Ayuda esto?

P: ¿Cómo perdono eso? ¿Simplemente observo esos deseos?

K: Sí, la forma de perdonarlo es hacer como haces con todo lo demás. No cambies el comportamiento. Eso es lo *último* que quieres hacer. No intentes obligarte a perdonar. No intentes sentir amor. No intentes ser amable. No trates de detener esta necesidad de ser exitoso y de hacer cosas grandes y maravillosas, porque si haces eso, solo estarás reforzando el problema y nunca terminará. Lo que quieres hacer es ver en qué consiste toda esta idea de mirar con Jesús.

Mirar con Jesús o con el Espíritu Santo significa que observas lo que hace tu ego y sonríes. No lo cambias. Simplemente sonríes. Dices, "Sí, eso es lo que estoy haciendo otra vez, y obviamente no está funcionando. Esto no va a lograr lo que realmente quiero, pero ciertamente está logrando lo que mi ego quiere". Solo obsérvalo. Cuando estés bien harto de ti mismo, del comportamiento, la reacción, los pensamientos y los sentimientos se desvanecerán porque están sostenidos por tu necesidad de ellos y tu necesidad de mantener la necesidad en secreto. Cuando ya no sea un secreto, con el tiempo disminuirá su intensidad. Ya no lo querrás más porque te darás cuenta de lo autodestructivo que es, y entonces desaparecerá. No habrás hecho nada.

De nuevo, eso es tener *la pequeña dosis de buena voluntad* (T-18.IV). No tienes que *hacer* nada; solo mirar. Observa lo que haces y con el tiempo te sentirás disgustado por las reacciones de tu ego y entonces gritarás: "¡Para!"

sin haber hecho nada. Lo peor que podrías hacer, lo que significa que es lo mejor que podrías hacer desde el punto de vista del ego, es luchar contra él (T-30.I.1:7). Cuando luchas contra él, cuando dices: "Este es un problema grave con el que tengo que hacer algo", le estás dando una realidad que no tiene.

Toda la realidad que tiene el ego, toda la intensidad que tiene, todo el poder que tiene proviene de nuestra creencia en él. El ego en sí mismo no tiene poder. El odio *no* tiene poder. Sabemos lo venenoso que puede ser el odio, lo intenso que puede ser, lo destructivo que puede llegar a ser. Pero *no* es así. Es nuestra *necesidad* de odio lo que le da su poder. Es nuestra *creencia* en él; la creencia de que es eficaz, de que hace algo. Ahí es donde está el poder, no en el odio mismo.

Podrías ver que esto es exactamente lo contrario de cómo el mundo ve las cosas. El problema no es el síntoma neurótico, sea cual sea. El problema no es el síntoma físico. El problema es la *creencia* de la mente en él, lo que en realidad significa que la mente lo *necesita*. Esta mañana hemos analizado por qué la mente necesita tener problemas. Necesito tener un problema porque eso significa que yo tengo un problema. Hay un "yo", pero "no es culpa mía. Mi problema eres *tú*. Mi problema es la economía mundial. Mi problema es el sistema en el que estoy, la familia en la que estoy. Mi problema es esta enfermedad que he contraído".

Víctimas y victimarios: Miedo y vileza

P: Estos son probablemente tres nombres que no conoces: Sylvester Stallone, Charles Bronson y Steven Segal me acaban de venir a la mente.

K: Sí, sí, creo que son tipos duros, ¿verdad?

P: Sí.

K: Son tipos al estilo John Wayne, sí. De John Wayne me acuerdo más.

P: Se dedican a encontrar a una víctima y a vengar lo que le ha pasado. Han ganado millones y probablemente haya cien más como ellos que no tengo en la lista. Toda nuestra cultura está saturada de esto, es algo enorme; la necesidad de vengar a las víctimas.

K: Y de matar, y de ser fuerte; pero hay que darse cuenta de que la necesidad de ser débil es igual de poderosa.

P: Cierto, cierto, porque el todo no puede existir sin la debilidad.

K: Brillantemente dicho; cierto. No puede haber una víctima sin victimario; no puede haber un victimario sin víctima. Las víctimas, como decía antes, son las personas más fuertes. Son los verdaderos hombres y mujeres fuertes porque tienen el poder de manipular a través de la culpa, y no lo parece. A Hitler, todo el mundo lo ve. A la persona que tira la bomba, todo el mundo la ve. Todo el mundo ve: "Ese es el agresor; ese es el fuerte; ese es el poderoso". Nadie ve que la víctima es verdaderamente poderosa porque es la que manipula a través de la culpa.

P: Hitler fue realmente una víctima en cierto sentido. Sé que esto no es popular.

K: Ah, ¿Hitler? Claro que sí; fue víctima del mismo sistema de pensamiento que todo el mundo. Todo el mundo libra una dura batalla, *todos*. Una de las frases más importantes del *Curso* (y ya la he citado muchas veces) es: "Los que tienen miedo pueden ser crueles" (T-3.I.4:2). Lo útil de esta frase, entre otras cosas, es que Jesús reconoce que aquí hay crueldad. Él no es un "santurrón". No está diciendo que este sea un mundo de paz y amor. Está diciendo que es un lugar cruel, "donde criaturas hambrientas y sedientas vienen a morir" (L-pII.13.5:1). Es una cita directa. Así es el mundo. Aquí hay crueldad, pero la crueldad viene del miedo. Por eso todas las personas con las que te encuentras están librando una dura batalla. Esa es la esencia de la bondad.

"Los que tienen miedo pueden ser crueles" (T-3.I.4:2). Las personas pacíficas, dulces y cariñosas no construyen bombas y las lanzan. Las personas dulces y cariñosas no dejan que les tiren bombas, no se enfadan ni se declaran mártires. Funciona en ambos sentidos. Solo las personas *asustadas* hacen cosas así. ¿Y quién no tiene miedo en este mundo? Hay muchos pasajes de este curso en los que Jesús habla de que el núcleo de todo sueño es el miedo.

De hecho, hay una sección llamada "La alternativa a los sueños de miedo" (T-28.V). Aquí *todo* es miedo. Es el miedo al castigo por nuestra culpa lo que nos llevó de nuestra mente a un mundo en el que tenemos miedo. El sueño de la mente y el sueño del mundo se basan en la misma trinidad: pecado, culpa y miedo. En la mente, sin embargo, el pecado, la culpa y el miedo son *míos*. En el mundo, como cuerpo, el pecado y la culpa son *tuyos* y por eso tengo miedo.

Lo único que ha sucedido es que el pecado, la culpa y el miedo se conservan, pero ahora se han fragmentado. Yo conservo el miedo, pero el pecado y la culpa que son la causa de mi miedo ahora están en "ti" o en algún lugar del mundo, y no en mí. Así que soy inocente. Sí, claro que tengo miedo. ¿Quién no tendría miedo? ¡Mira mi situación!

¿Quién, como niño maltratado, no tendría miedo? Mamá y papá son brutales y despiadados, y abusivos, y están locos, y son esto y aquello. Por supuesto que tengo miedo y por supuesto que crecí con miedo. Y cuando crezca, ¿adivina qué voy a hacer? Cuando tenga el poder, voy a abusar de otras personas porque yo fui abusado. Todos aquí se sienten abusados. Todo el mundo aquí se siente tratado injustamente. Todo el mundo aquí es un dedo apuntando a alguien y diciendo: "Tú me hiciste esto". La gente asustada puede ser cruel.

De hecho, las personas asustadas son despiadadas porque señalan con ese dedo acusador y dicen: "Tú me hiciste esto". Eso es lo que siempre quieres ver y mirar, y eso es lo que nos une. No solo estamos unidos en el amor de Cristo, que es nuestro verdadero Ser. También estamos unidos en este miedo, en la crueldad que el miedo engendra y en la necesidad de poner la cara de inocencia.

Aquí todos tenemos esas dos caras: la cara de la víctima inocente y la cara del victimario pecador. Todo el mundo tiene las dos. En nuestras relaciones con los demás, intentamos desesperadamente conservar nuestra cara de inocencia y convertir a la otra persona en el victimario. "Yo te hago eso; tú me haces lo otro". Cuando ves esto, de repente te das cuenta de que aquí todo es muy *aburrido*.

Todas las películas son iguales. Todas las novelas son iguales. Todas las noticias son iguales. Todas las relaciones son iguales. Lo único que puede tener algún interés (si eres lo bastante perverso) es ver con cuánto ingenio lo hace la gente. Pero es la *misma* historia. Es el mismo tema y continuará hasta que alguien diga: "Ya he tenido suficiente. *Tiene que* haber un camino mejor" (T-2.III.3:6). "Tiene que haber otro tema en mi mente. Debe haber otro compositor porque estoy cansado de oír esto".

Citando ese pasaje del anexo de Psicoterapia: Oigo el canto fúnebre y de repente me doy cuenta de que me lo estoy cantando a mí mismo (P-2.VI.1:5-6). ¿Por qué quiero estar tan loco y ser tan masoquista que sigo cantando la misma cantinela y sigo diciéndole al mundo: "Crucifícame"? De nuevo: "Aquí están los clavos". Los clavos que Odea tiene la tentación de llevar consigo el viernes son los clavos de todos que repartimos gratuitamente a todos. "¡Toma, clávamelo!", y asumimos nuestra posición en la cruz.

Esa es la imagen de la crucifixión que ponemos en todos. Cuando actuamos en el papel del crucificador, es porque nosotros fuimos crucificados primero. Sentimos que está justificado atacar porque, después de todo, tú me lo hiciste primero. Nos encanta sufrir y los mayores crucificadores son las víctimas, porque *no parecen serlo*. Parecen débiles, vulnerables e indefensas. Pero *no* lo son. No te compadezcas solo de ellas, no te compadezcas solo del victimario; compadécete de *todos*, porque todos los que conoces están librando una dura batalla, incluido tú mismo.

Y entonces empiezas a entender cómo la gente se defiende de ello. Alguien que necesita sentir que está haciendo grandes cosas y que es superior está librando una dura batalla de *esa* manera, intentando defenderse de lo mal que se siente. Todos nos sentimos fatal; eso es la culpa. Simplemente la manifestamos y nos defendemos de ella de diferentes maneras, pero ninguna es amorosa, ninguna es amable.

¿Qué es la "dura batalla"?

P: Cuando dices que todos estamos librando una dura batalla, ¿en qué consiste realmente la "dura batalla"?

K: La dura batalla es, de alguna manera, lidiar con nuestro ego. Lidiar con todo ese tremendo odio hacia uno mismo, que en realidad es culpa, y lidiar con el miedo a la venganza. Luego lo proyectamos y parece que libramos una dura batalla contra el mundo, que en realidad es una proyección de la dura batalla contra nosotros mismos. Esa es la dura batalla. En realidad es: "¿Cómo lidio conmigo mismo, con mi ego, con este sistema de pensamiento que creo que es real y dice que yo soy el hogar del mal, las tinieblas y el pecado?

Perdón

P: ¿Y la forma de afrontarlo es perdonando?

K: La forma de tratar con eso en términos de deshacerlo es perdonar. Y perdonas dándote cuenta de lo que estás haciendo. Eso es lo que significa "mirar con Jesús", que es realmente la definición del perdón que propone el

Curso. El perdón no hace nada excepto observar, esperar y no juzgar (L-pII.1.4:1,3). No puedes observar por tu cuenta (lo que significa con tu ego) porque entonces vas a seguir juzgando.

"Observar" significa que miras con la mente recta, con Jesús o el Espíritu Santo. Esto significa operativamente que miras sin juzgar. Pero *debes* ver lo que estás haciendo, de lo contrario no estarás motivado para detenerlo. Y entonces sé consciente de la resistencia a ver lo que estás haciendo. No puedes ver lo que estás haciendo a menos que estés dispuesto a reconocer que hay una mente. Lo que tu cuerpo está haciendo, pensando y sintiendo, por no hablar de lo que otros cuerpos están haciendo, es una proyección de lo que tu mente ha elegido.

P: Si estás trabajando en esto, pero sigues viviendo en este mundo y siendo un ego, y por tanto tienes que comer, beber, dormir y tener un lugar donde hacer estas cosas, tienes que trabajar o tener dinero. ¿Cómo se hace eso de una manera amorosa, pacífica y perdonadora?

K: ¿Cómo miras a todo eso?

P: ¿Cómo lo manejas, cómo actúas?

K: Bueno, no puedo responder a esa parte, porque cómo actúas no es la cuestión. Cuando miras sin juzgar y te das cuenta de lo que el sistema de pensamiento del ego te ha traído y de que ya no lo quieres, entonces retiras tu creencia en él. Retirar tu creencia en el ego significa que la pones en el Espíritu Santo, porque es *el uno o el otro*. Tienes que hacer que tu creencia vaya a uno o al otro. A medida que vaya más con el Espíritu Santo, significará *menos* ira, menos necesidad y menos especialismo, lo que implicará más perdón, más paz, más amor, y entonces cualquier cosa que hagas será amorosa.

Odea no tiene que saber lo que va a decir el viernes a esa gente "enfadada", "desagradable" y "mala". Solo tiene que ir allí dándose cuenta de que no tiene que hacerlo como siempre lo ha hecho. Podría empezar a desprenderse de su inversión en sentirse maltratado y perseguido. Entonces simplemente dirá lo que sea útil porque no estará atacando. Por eso no hay nada en este curso sobre el comportamiento. No hay absolutamente nada en este curso sobre lo que deberías hacer, porque no importa lo que hagas.

Lo que importa es con quién lo haces. Si vienes desde un espacio amoroso en tu mente, todo lo que hagas y digas será amoroso y amable. Tiene que serlo. Puesto que "las ideas no abandonan su fuente" (T-26.VII.4:7), si procedo de una idea de paz y bondad, eso es lo que transmitiré. Todo lo que diga será amable y pacífico. La cuestión siempre es quitar al ego de en medio. Y no se quita el ego de en medio cogiendo una torre de perforación y penetrando en la mente. Al ego se le aparta simplemente mirándolo, sonriendo dulcemente y diciendo: "Es un pensamiento tonto", o algo parecido. Eso es todo lo que has de hacer.

Mirar sin juzgar significa que miras con esa sonrisa amable, porque justo al principio miramos a la *pequeña idea loca* y no sonreímos. Nos la tomamos *muy* en serio y la llamamos con nombres muy serios, como "pecado". Pero, si hubiéramos escuchado al Espíritu Santo al principio y nos hubiéramos unido a Él, simplemente habríamos sonreído dulcemente diciendo: "Bueno, ese es el pensamiento más tonto que he escuchado, que yo podría estar separado de la Unidad, e incluso que *quiero* estar separado de la Unidad; qué tonto". Entonces todo habría desaparecido. Sin ese pensamiento no habría habido proyección, no habría habido mundo. No se trata de lo que haces, sino de lo que piensas. Solo puedes pensar una de dos cosas: el ego o el Espíritu Santo.

P: En realidad, perdonar no es hacer algo, ¿verdad? ¿Es simplemente dejar de condenar? ¿Eso es todo?

K: Sí, eso está muy bien. El *Curso* habla del perdón, del milagro, de la Expiación, de la salvación y habla de todas esas cosas; y dice que no hacen, sino que *deshacen*. *Deshacen* (T-27.II.6:4). Así que deshaces la condena. Todo lo que hace el perdón es quitar lo que pusiste allí. Ponemos culpa, odio y pecado allí, en la mente, para cubrir el amor. Por lo tanto, solo levantas el velo de la culpa y el pecado, y lo que queda es amor. Entonces *deshaces* la condena.

Las lecciones del Espíritu Santo

Quiero leer parte de una de las cosas que nos asignaron. Es de "Las Lecciones del Espíritu Santo", en la página 118 del Texto. Teníamos en la lista los primeros cuatro párrafos de "Las lecciones del Espíritu Santo". Quiero empezar por el párrafo 2. Esta lectura está aquí porque trata, de una forma muy bella, de darnos pautas sobre cómo debemos acercarnos a las personas cuando están atemorizadas, es decir, cuando están siendo crueles. Realmente se basa en esa visión de ser bondadoso, porque todos aquellos con los que te encuentras están librando una dura batalla. Básicamente describe cómo reaccionan Dios y el Espíritu Santo ante *nosotros* cuando comenzamos con nuestra realidad de la pesadilla de separación y ataque.

(T-6.V.2) ¿Qué podría despertar más dulcemente a un niño que una tierna voz que no lo asusta sino que simplemente le recuerda que la noche ya pasó y que la luz ha llegado? No se le dice que las pesadillas que lo estaban aterrorizando tanto no eran reales, pues los niños creen en la magia. Simplemente se le asegura que *ahora* está a salvo. Más tarde se le enseña a distinguir la diferencia entre estar dormido y estar despierto, para que entienda que no tiene que tener miedo de los sueños. Y así, cuando vuelva a tener pesadillas, él mismo invocará la luz para desvanecerlas.

(T-6.V.3:1) Un buen maestro enseña mediante un enfoque positivo, no mediante uno negativo.

Permitidme que me detenga en esto. Esta última frase, por cierto, está tomada de una teoría del aprendizaje en psicología. En los años 40 y 50 se trabajó mucho sobre el aprendizaje. La conclusión fue que la gente aprende mejor a través del refuerzo positivo en lugar del negativo. Gran parte del trabajo se hizo originalmente en ratas y, más adelante, con personas. La gente aprende mejor cuando se la trata bien que cuando se le mete miedo a Dios. Creo que es de sentido común, pero es bueno haberlo demostrado.

Lo que esto significa, especialmente en este contexto, es que la forma de corregir los errores no es golpear a la gente por ellos, ni decirle lo equivocada que está. No es analizar sus errores para que entienda lo que hizo mal, sino simplemente demostrarle que lo que hizo "mal" fue elegir al maestro equivocado, y entonces tú ejemplificas al Maestro *correcto* con tu amor, tu indefensión y tu amabilidad. Eso es lo único que haces. No analizas la oscuridad de sus elecciones. No le muestras lo poco amable que ha sido, lo insensible, lo estúpida, lo cruel que ha sido, lo equivocada que está. Solo le demuestras la elección correcta.

Como sociedad, como individuos, somos muy buenos corrigiendo los errores de los demás. Volviendo a lo que decía Cara de que realmente queremos que haya una guerra en Irak para poder enfadarnos mucho con la gente que la está haciendo, lo que queremos es demostrarle que se equivoca, mostrarle que está equivocada. A la gente que está de acuerdo con los belicistas (desde nuestra percepción), queremos demostrarle lo equivocada que está. Queremos convencerla de lo correcto de *nuestra* posición y de lo erróneo de la suya.

Eso es exactamente lo contrario de lo que se describe aquí. Esto no significa que la gente no haga cosas equivocadas, en el sentido de que pueden ser cosas hirientes. No significa que la gente no actúe desde sus egos. Obviamente todo el mundo lo hace. Significa que redefines el problema. El problema no es lo que han hecho. El problema es que han elegido al *maestro* equivocado. Ellos, como todo el mundo (incluido tú), están librando una dura batalla.

La dura batalla es: "Elegí al ego. ¿Y ahora qué demonios hago con él?". La culpa me congela, de modo que no puedo hacer otra cosa que proyectarla fuera y atacar, y, o ataco de forma directa o ataco de forma indirecta y sutil. O soy abiertamente agresivo o parezco el más débil de todos, lo que en realidad es el colmo de la agresividad pasiva, en la que no *parece* que esté atacando pero lo estoy haciendo. Esa es la dura batalla que todo el mundo libra. Es la dura batalla de: "¿Qué hago con esta culpa que he hecho real, que he olvidado que *he* hecho real y que ahora creo que es real? ¿Qué hago con ella?". Y lo que hacemos con la culpa no es agradable porque todos la proyectamos afuera.

Todos aquellos con los que nos encontramos están librando una dura batalla y es la misma dura batalla. Ese es el error. El error *no* es lo que yo hago, no es la serie de defensas que elijo para protegerme de mi culpa, es decir, mis ataques. El problema es que elegí el ego, como todo el mundo. Si refuerzas mi decisión mostrándome lo equivocado que estoy, me sentiré aún más culpable, lo que significa que me solidifico aún más en la culpa, me solidifico más en mis proyecciones de culpa y sigo atacando.

En lugar de eso, lo que queremos hacer es no hablar de lo que la persona ha hecho. Simplemente queremos establecer un entorno en el que se sienta segura y no amenazada, y que no sienta que está equivocada (es decir, que es pecadora). Demuestras lo erróneo de su decisión ilustrando, demostrando, lo *correcto* de tu decisión. Le muestras la alternativa. Esa es la forma amable de corregir los errores. Eso es lo que significa corregir. Corriges el error; respondes a una situación con una voz amable que no refuerza el miedo. Simplemente le recuerda que la noche ha terminado y que la luz ha llegado (T-6.V.2:1).

Lo que haces inicialmente cuando eres padre y tu hijo pequeño tiene una pesadilla no es analizar el sueño. No haces gran cosa. Abrazas a tu hijo y le dices: "Tranquilo, tranquilo, todo va bien. Mamá y papá están aquí y tú estás a salvo. Nadie te va a atrapar". Bueno, todo el mundo siente que le están *atrapando.* Todo el mundo siente que está siendo atacado, porque en su sueño *están* siendo atacados a todos los niveles.

¿Por qué? Porque *nuestro* sueño es un sueño de ataque, así que lo proyectamos y todo el mundo está hecho a nuestra imagen y semejanza. Por supuesto que el mundo nos ataca. Por supuesto que el agua que bebemos no es segura, y el aire que respiramos está contaminado, y ahora los alimentos están arruinados y el suelo también. Todo es horrible y la gente es miserable y terrible. ¡Claro que sí! Ese es el *sueño.* ¿Qué otra cosa cabe esperar?

Cuando pagas dinero para ver una representación de *Hamlet,* no esperas que todos vivan al final y que se abracen en señal de perdón. Esperas que todo el mundo esté muerto porque la obra es así. Entonces, ¿por qué te sorprende que la obra de nuestras vidas sea que todo el mundo mata a todo el mundo? No es una sorpresa. La sorpresa es que pensemos que es una sorpresa y que pensemos que Hamlet va a tener un final feliz.

En el *Curso* se nos dice: "El mundo se fabricó como un acto de agresión contra Dios" (L-pII.3.2:1), ¡por supuesto! Porque "Las ideas no abandonan su fuente" (T-26.VII.4:7), y el pensamiento que hizo el mundo es el ataque original a Dios. "Piérdete, grandullón. Tu amor no me basta. Puedo hacerlo mejor que Tú". *Voilà*, lo hago. En mi mente lo hago mejor que Dios porque en el mundo de Dios yo no existo. En este mundo yo soy el rey. Soy especialmente el rey cuando soy un peón, y nadie sabe que en realidad soy el autor del juego.

¿Por qué sorprenderse de que aquí todo el mundo sea un asesino? Hemos convertido a todo el mundo en asesino, incluidos nosotros mismos, lo que significa que todos somos iguales. Todo el mundo está librando la dura batalla de hacer frente a su propia culpa, culpa por el hecho de ser el asesino silencioso. Todo el mundo se enfrenta a ello. Todo el mundo sufre por ello; todo el mundo intenta desesperadamente eludir su responsabilidad y proyectarla en los demás.

Todo el mundo está haciendo lo mismo. Eso le quita toda la emoción a vivir en este mundo. Le quita toda la emoción. Le quita toda la sorpresa porque todo es lo mismo. Es el *mismo* tema una y otra vez, y te das cuenta de que no es un tema muy feliz. Todo el mundo ha compuesto el mismo canto fúnebre y se canta el mismo canto fúnebre a sí mismo, creyendo que el canto fúnebre viene de fuera. Ellos no son los compositores de la marcha fúnebre; todos los demás lo son, y ahora son peones indefensos en este juego de la muerte. Ese es el error.

Corregir el error específico, pensando que sabes que se trata de un error específico y que sabes cuál es el problema, es no entender nada. Lo que quieres hacer es cantar otra canción. Quieres presentar una alternativa: la luz en lugar de la oscuridad. Eso es lo que Jesús está diciendo.

Tú "simplemente le recuerdas que la noche ya pasó y que la luz ha llegado" (T-6.V.2:1). Que la noche ha terminado significa que *tú*, en tu sano juicio, en este momento has elegido en contra del sistema de pensamiento de oscuridad, de odio, asesinato, culpa, dolor y sufrimiento. Y a cambio has elegido un sistema de pensamiento de luz. Ahora demuestras la luz, no por lo que dices o por lo que haces, sino por lo que *eres*. Eso es lo que enseña. La luz enseña a través de ti. Esto no significa que no digas nada o que no hagas nada. Pero ahora la luz viene a través de ti. No intentas asumirla. No intentas fingir que lo que haces es amoroso y amable.

La elección equivocada y la alternativa

De forma similar a lo que decía ayer sobre no situar el perdón o este curso en un marco terrenal, y citando del anexo El Canto de la Oración (S-2.III.7:3), lo que se ofrece aquí es tan antitético y diametralmente opuesto a todo lo que el mundo aconseja, que es muy importante entender que no se trata de un comportamiento. Se trata de una forma de percibir en la mente. Es una forma totalmente diferente de mirar absolutamente todo y a todos. Significa, de manera literal, que ves que aquí todo es lo mismo.

Ese es el sentido de la oración de Año Nuevo que viene al final del capítulo 15: "Haz que este año sea diferente al hacer que todo sea lo mismo" (T-15.XI.10:11). Reconoces que aquí todo es igual. Todo el mundo está haciendo lo mismo, y (como he venido subrayando) no hay una jerarquía de ilusiones. No hay jerarquía en la crueldad de la gente. La hay dentro del nivel del cuerpo; y dentro del sueño ciertamente la hay. Pero no cuando sales de él. Entonces te das cuenta de que todo el mundo (este es el punto, una vez más), todo el mundo está luchando la misma dura batalla.

Todos tenemos el mismo ego, el mismo sistema de pensamiento del ego, y todos tenemos la necesidad de protegerlo y defenderlo. La forma en que lo hacemos siempre,

siempre, es atacar, lo parezca o no. Pero todo proviene del mismo error básico: elegir al maestro equivocado. Eso es lo esencial. Elegimos al ego, que es un maestro de oscuridad, en lugar de al Espíritu Santo, que es el Maestro de luz. Ese es el problema: que elegimos mal.

Como decíamos antes, lo que Jesús hace en este curso como nuestro maestro es explicarnos todo esto: primero, intelectualmente. Pero también nos ofrece un camino que nos lleva a la experiencia de *saber* que elegimos mal y que podemos volver a elegir. Cuando nos dice que podemos convertirnos en *su* manifestación en el mundo (C-6.5:1), al igual que él fue y es la manifestación del Espíritu Santo, lo que quiere decir es que podemos demostrar que el sistema de pensamiento de la mente correcta está *ahí* como respuesta al sistema de pensamiento de la mente incorrecta, haciendo hincapié en la palabra "mente". Hay una mente.

Cuando alguien actúa y se muestra aborrecible y cruel, ya sea una figura pública o alguien de tu círculo cercano, independientemente de cuál sea tu comportamiento, en lo que quieres centrarte es en dar una alternativa desde la mente correcta. Lo que significa: si estás enfadado, si tienes miedo, si estás necesitado, si eres dependiente, si tienes odio, si estás juzgando, entonces estás de acuerdo con esa persona y estás tan loco como ella. Estás tan enfermo como ella. Estás reforzando la misma elección equivocada a favor del ego que ella ha hecho, lo que significa que, llegado a ese punto, tu problema no son las circunstancias, la relación ni la otra persona.

Tu problema es que *has vuelto* a hacer la elección equivocada. Si no puedes responder con total paz e indefensión, entonces necesitas ir dentro lo más rápido posible y pedir ayuda para que te conviertas en una luz en lugar de en oscuridad. Cuando seas capaz de soltar tu inversión en la oscuridad —la oscuridad del odio, el juicio y la culpa—, la luz de ese amor interno fluirá a través de ti. Es así de simple y eso es lo que se te está diciendo.

Aunque Jesús nos explica aquí cómo es el sistema de pensamiento del ego y nos ayuda a entenderlo, lo que realmente quiere que entendamos es el propósito que tiene y por qué seguimos eligiéndolo. Y todo esto lo hace en un marco de indefensión, amor, amabilidad y bondad, porque esa es la experiencia al trabajar con este material. No está predicando, no está castigando, no está reprendiendo, no está gritando, no está echando a nadie del templo. Simplemente nos recuerda con delicadeza que hay otra forma de ver las cosas. Ese es el contenido que hay detrás de todas estas palabras, y de todo el debate sobre el ego, y de toda la teología, y de toda la mitología que hay en este curso.

El contenido subyacente es: "Cometiste un error y yo te ofrezco la alternativa". Es amable y gentil, no te golpea en la cabeza. Básicamente está diciendo: "Podrías llegar a ser como yo. De hecho, *eres* como yo, solo que aún no lo sabes". Quieres usarlo como modelo. A eso se refiere cuando dice varias veces en el capítulo 6: "Se te ha pedido que me tomes como modelo para tu aprendizaje" (T-6.in.2:1).

Cuando te enfrentas a la vileza de alguien, a la ira, a la culpa y a la insensibilidad de alguien, observa cómo tu respuesta inmediata es atacar de la misma manera. Entonces pides ayuda y te das cuenta de que el problema no es la crueldad. El problema es el *miedo*. El miedo viene de elegir al maestro equivocado. Entonces quieres ejemplificar y demostrar el amor que viene de elegir al Maestro correcto, y eso es todo lo que haces. Eso es lo que te permite ser amable, porque no es algo que viene de fuera y te lo impones a ti mismo. Fluye naturalmente desde dentro porque has eliminado las barreras.

Recuerdos

Quiero volver a la página 118 del Texto. Es la introducción a "Las lecciones del Espíritu Santo". Leeré el párrafo 2 y la primera frase del párrafo 3. En lo que quiero centrarme es en el párrafo 4. Este es un ejemplo de cómo se es amable. Recordad que este es el tema de nuestro taller, especialmente la amabilidad ante las personas que no actúan con mucha amabilidad; tanto si nos referimos a personajes públicos de los que oímos hablar o leemos en las noticias, como de personas de nuestra vida personal: nuestra familia, nuestro círculo de amigos, nuestros compañeros de trabajo. Cuando las personas no son amables, ya sea con los demás o con nosotros, ¿cuál es nuestra respuesta?

Creo que el otro día mencioné que, en las primeras partes de este capítulo, Jesús habla de que debemos tomarle como "modelo de aprendizaje" (T-6.in.2:1). También lo hace en otras partes. En este caso está hablando del Espíritu Santo. Naturalmente, podríamos extenderlo a que debemos tomar al Espíritu Santo como modelo para aprender a responder con amabilidad cuando la gente no es amable. Es muy fácil ser amable con las personas que nos dan lo que queremos y son simpáticas y gentiles con nosotros. No es fácil ser amable con las personas que muestran su peor cara. Permitidme leeros lo que dice.

(T-6.V.4:1) El Espíritu Santo nunca hace una relación detallada de los errores porque Su intención no es asustar a los niños, y los que carecen de sabiduría *son* niños.

Lo que significa la enumeración de errores es que siempre nos gusta señalar las faltas y los errores de los demás. Siempre queremos decir a la gente en qué se equivoca y luego corregirla, señalando todos sus errores. Sin duda lo hacemos *inconscientemente,* en el sentido de que desde que somos muy pequeños enumeramos y catalogamos todos los errores de nuestros padres y todas las maneras en que nos han fallado. Tenemos un repertorio de recuerdos en nuestra mente, en el que almacenamos todas esas cosas horribles que nos han hecho, y las llevamos con nosotros.

Otras veces, muchos de vosotros me habéis oído hablar de la idea de que andamos por ahí con una gran bolsa, como Papá Noel. Está llena de regalos, igual que la bolsa de Papá Noel, solo que no son regalos bonitos. Son los regalos del ego. El contenido de esta bolsa son todos estos recuerdos, ya sean de hace cinco minutos o de hace cincuenta años, de todas las cosas que la gente nos ha hecho y de las justificaciones de nuestros agravios. Las catalogamos, las detallamos y las enumeramos.

No solo las enumeramos, sino que incluimos todos los detalles gráficos. Recordamos *exactamente* lo que la gente dijo y dónde estaban cuando lo dijeron, el aspecto que tenían cuando lo dijeron, lo que hicieron y cómo respondimos cuando lo dijeron, y cómo corría la sangre. Son todas las heridas que todavía llevamos. Llevamos todas esas cicatrices. Pensamos que las cicatrices que tenemos se basan en lo que nos hicieron en el pasado. Pero no es así.

Las cicatrices son lo que elegimos ahora mismo, en el presente. Solo usamos el pasado para justificar por qué seguimos sintiéndonos injustamente tratados, por qué tenemos problemas para tener éxito en la vida, por qué tenemos problemas para mantener relaciones satisfactorias con la gente, por qué fracasamos en nuestro trabajo, por qué fracasamos en la escuela, por qué fracasamos en las relaciones, por qué fracasamos con nuestro cuerpo. Tenemos las cicatrices que dicen: "Bueno, por supuesto que estoy lisiado, obstaculizado y entorpecido en mi funcionamiento porque mira cómo me trataron". O más bien: "¡Mira cómo me maltrataron!".

No se trata solo de que enumeremos los errores de otra persona en este momento. "Ayer me hiciste esto. ¿Te acuerdas de lo que me dijiste ayer? Pues déjame que te recuerde lo que me dijiste ayer, o la semana pasada, o el año pasado, o hace 20 años. *Nunca* olvidaré lo que me dijiste, o lo que hiciste, o cómo trataste a esa persona". También nos hacemos esto a nosotros mismos y llevamos a cuestas esta enorme bolsa. Es una bolsa muy, muy pesada y es una carga tremenda, pero merece la pena llevarla, aunque nos doble la espalda y acabemos con escoliosis.

Por todos estos agravios tenemos la espalda muy doblada, y se debe a todas estas cosas terribles que nos han hecho. Las utilizamos a nuestra conveniencia cada vez que, en un momento dado, queremos empujar el amor fuera de nuestra vida, cuando queremos elegir el sistema

de pensamiento del ego en lugar del sistema de pensamiento de Jesús, cuando tenemos miedo del amor y estamos abrumados por la culpa porque hemos vuelto a
empujar el amor lejos de nosotros.

En vez de responsabilizarnos por lo que hemos hecho
y de nuestro miedo al amor, metemos la mano en nuestra bolsa y sale una razón. Pues claro que tengo miedo
al amor. Mira cómo me ha maltratado el amor. Claro
que no confío en las autoridades. Mira cómo las autoridades de mi vida me mintieron y me engañaron. Claro
que tengo una terrible sensación de fracaso. Mira cómo
me maltrataron cuando cometí un error en 5º curso.
Tenemos todos estos recuerdos, y no importa si son de
un pasado muy reciente (hace cinco minutos) o de algo
que queda muy, muy atrás, cuando éramos niños o incluso bebés.

Recuerdos positivos

P: ¿No importa que parezcan positivos cuando realmente son recuerdos muy arraigados?

K: No *hay* recuerdos positivos. La única utilidad de
los recuerdos "positivos" es contrastarlos con los nega-
tivos. Por ejemplo: "Hace cinco años eras muy amable
conmigo. Hace cinco días recuerdo todas las bondades,
todas las cosas maravillosas que hiciste por mí, pero
¿sabes lo que hiciste *ayer*?". Me quedo con lo positivo para acentuar lo negativo. Las Navidades solían ser
momentos maravillosos para mí, y pienso en todos los
maravillosos recuerdos felices que tenía de la Navidad,

que probablemente son grandes distorsiones. Ahora mis Navidades son horribles y es por tu culpa. Nos aferramos a los llamados recuerdos "positivos" simplemente para contrastar, resaltar y acentuar lo que ahora es negativo.

El recuerdo: intención oculta

El ego siempre tiene una intención oculta *para todo*. El "recuerdo" siempre es una intención oculta. No podemos tener recuerdos de un pasado cuando no hay "pasado". Los recuerdos son lo que elegimos en el presente, y luego utilizamos lo que llamamos "memoria" para justificar por qué sentimos lo que sentimos ahora. Por supuesto que me siento separado del amor, y por supuesto que me siento abandonado, traicionado y desatendido, pero no es por algo que yo *haya* hecho. No es porque yo haya abandonado el amor, o descuidado el amor, o le haya dicho a Jesús que se perdiera.

Es por lo que *tú has* hecho. Me robaste el amor. Me robaste la paz de Dios y ahora ya no la tengo. Uso mis acusaciones y mis quejas para explicar por qué me siento tan mal sin aceptar ninguna responsabilidad por ello. Por eso, aquí Jesús nos dice que el Espíritu Santo no hace eso. Y permitidme dar un pequeño salto hacia delante. Saltamos a la frase 4:

(T-6.V.4:4-5) **El Espíritu Santo no hace distinción alguna entre diferentes clases de sueños. Simplemente los hace desaparecer con Su luz.**

En otras palabras, Él no mira los diferentes sueños, todas las cosas diferentes que la gente ha hecho o dejado de hacer; todas las cosas que *nosotros hemos* hecho o dejado de hacer, porque todo es lo mismo. Todos somos iguales. Todos estamos librando una dura batalla. Pero queremos detallar los sueños y decimos: "Hay una diferencia entre cómo estuviste conmigo ayer y cómo estuviste conmigo la semana pasada". *No hay* ninguna diferencia. Ciertamente no hay diferencia en ti, porque lo que hayas hecho o dejado de hacer, lo que hayas dicho o dejado de decir es totalmente irrelevante para lo que *estoy* sintiendo. La verdadera diferencia es interna. Esa es la diferencia que hay entre que yo elija al ego o al Espíritu Santo. *Esa es* la diferencia.

En vez de mirar la diferencia en *mí* —y que un día elijo el amor y al siguiente el odio, un día abrazo a Jesús y al siguiente lo estoy echando—, en vez de mirar esa diferencia y contraste, lo proyecto y veo el contraste en ti. Un día eres cariñoso y al siguiente no lo eres. Un día eres considerado y al siguiente te muestras desconsiderado e insensible. "La proyección da lugar a la percepción" (T-13.V.3:5, T-21.in.1:1). Lo que vemos fuera es el espejo de lo que primero hemos hecho y elegido *dentro*.

Miedo a la luz

El único problema es que le tengo miedo a la luz y he vuelto corriendo a la oscuridad. Ese es el problema. Muchos de vosotros conocéis esa maravillosa escena final

127

del último obstáculo para la paz, "El temor a Dios". Es como una escena en la que estamos justo al final de este largo viaje que comprende los cuatro obstáculos para la paz. Estamos justo ante el velo final, que es el temor a Dios. Estamos listos para atravesarlo, para "desaparecer en la Presencia más allá del velo" (T-19.IV.D.19:1), cuando de repente nos entra miedo porque esa vocecita sigue ahí diciendo: "Si das *un paso más,* se acabó. Ya no puedo ayudarte más". El ego dice: "¡Da un paso más y ya está! Desaparecemos en el Corazón de Dios, lo que significa que somos aniquilados. Desaparecemos en el olvido y no quedará nada de *nosotros*".

Escuchamos por última vez, y entonces es cuando Jesús describe: "Bajas la vista al recordar la promesa que les hiciste a tus 'amigos'" (T-19.IV.D.6:2). ¿Y quiénes son nuestros "amigos"? El pecado, la culpa, el miedo y la muerte. Y volvemos a saltar a sus brazos. Y si el pecado, la culpa, el miedo y la muerte son nuestros "amigos", entonces los aliados cercanos son el ataque, el juicio y la crítica. Todos ellos se hacen realidad mediante la proyección.

Tenemos miedo del amor. Tenemos miedo de la luz, de la pureza de la luz, del resplandor de la luz, de la magnificencia del amor, que es lo que realmente somos, y corremos de vuelta a nuestros "amigos"; directo a los brazos de la oscuridad. Y empezamos a odiar. Empezamos a juzgar. Empezamos a sentirnos culpables. Empezamos a sentirnos enfermos. Y entonces empezamos a inventar historias para justificar por qué nos sentimos así. No es porque le tenga miedo al amor y me aleje y corra de vuelta al ego. Es porque tú me *apartaste* del amor y me arrojaste a los brazos de la desesperación, la herida y el dolor, porque fuiste tan cruel, tan insensible y tan falto de amor.

En otro lugar, Jesús describe que, cuando nos acercamos a la luz, de repente somos arrojados de nuevo a las tinieblas (T-31.II.11:5), y esto está basado en la famosa declaración de San Agustín de hace 1.500 años, que dijo prácticamente lo mismo: "¿Por qué, cuando me acerco a la luz, de repente soy arrojado a las tinieblas?". Bueno, no somos "lanzados" de nuevo a la oscuridad. *Corremos* de vuelta a las tinieblas porque, en presencia de la luz, este "yo" no existe. Ese es siempre el fondo de nuestro miedo.

En la Presencia del Amor de Dios, en la Presencia de esa luz resplandeciente, no hay lugar para esa sombra oscurecida a la que llamamos "yo", a la que damos un nombre y engordamos su existencia con una historia, culpando de lo que le sucede a todo lo que nos rodea. Por eso volvemos a los brazos del ego y, en cuanto lo hacemos, olvidamos que lo hemos hecho; a continuación proyectamos lo que hemos hecho y decimos: "*Tú* me arrojaste a la oscuridad. Estaba lleno de luz y entonces entraste en la habitación, y entraste en mi vida, y ahora mi vida nunca será la misma, y es culpa *tuya*".

Eso es lo que ocurrió en la separación original. De alguna manera, el único Hijo de Dios pensó que iba a estar mejor por su cuenta, se fue y se encontró fuera del Cielo. Su primera pregunta fue: "¿Quién me ha hecho esto?". El problema en ese momento era que no había nadie más alrededor, así que rápidamente tuvimos que fabricar a alguien. Fue entonces cuando nos fragmentamos. A continuación tuvimos billones y billones de yoes a los que atacar. Pero la primera pregunta es esa: "¿Quién me ha hecho esto?".

Recordad el otro día, cuando hablaba del primer llanto de un bebé al nacer. Si escuchas realmente los sonidos entre los lamentos, está diciendo: "¿Quién me ha hecho esto? ¿Cómo ha ocurrido esto?". Eso es lo que siempre nos gusta hacer. "¿Cómo ha pasado esto y por qué me pasa siempre a mí?". Nuestra primera respuesta —es instintiva, como un reflejo visceral— es culpar inmediatamente a alguien o a algo.

Recuerdo una vez, hace muchos, muchos años, que estábamos en Roscoe, (NY), yo estaba solo en casa y caminaba por el salón y, de repente, sentí un dolor en la parte posterior del talón. Sentí como si alguien o algo me hubiera golpeado ahí. Me di la vuelta para ver quién había sido. No había nadie. No había nada en la habitación. De alguna manera di con algo. Y mi respuesta inmediata fue: "¡Alguien me ha dado una patada!". O me he golpeado contra algo. Pero, de alguna manera, yo mismo me retorcí el tobillo al sentir ese dolor.

Bueno, eso es lo que hacemos todos. Es instintivo. Si estoy molesto, "alguien o algo me lo hizo". Entonces catalogamos todos los errores y los detallamos, uno por uno. "Esto es lo que hiciste. Y esto es cuando lo hiciste. Así es como lo hiciste. Esto es por qué lo hiciste y estos son los efectos". Y entonces metemos ese recuerdo en nuestra mochila y está ahí siempre que necesitamos una excusa para sentirnos fatal.

¿Cómo es posible ser amable con *alguien* si llevamos esta mochila? Porque es la bolsa de la falta de amabilidad. Ahí es donde están todas nuestras quejas justificadas. Están ahí para ser retomadas. Lo único que tenemos que hacer es meter la mano y sacar algo, no importa lo que sea. Por eso, "El Espíritu Santo no hace distinción alguna entre diferentes clases de sueños" (T-6.V.4:4). Todo lo que hay en esa bolsa forma parte de un sueño. Es un sueño de odio, de dolor, de abandono, de ridículo, un sueño de castigo y sufrimiento; cualquier cosa menos bondad. Lo llevamos encima esperando el momento en que necesitemos una excusa.

El problema no es lo que hay en la bolsa. El problema es: "¿Por qué meto la mano en la bolsa?". Es muy, *muy importante entenderlo*. Por eso no hay jerarquía de ilusiones: la primera ley del caos (T-23.II.2:3). No importa lo que haya en la bolsa. No importa lo que cojas. Lo que importa es *por qué* has ido a la bolsa. Eso es lo importante, no lo que *hay* en la bolsa. Siempre queremos averiguar qué hay en la bolsa y analizarlo, sea cual sea el objeto concreto que recojamos, sea cual sea ese recuerdo. Queremos entenderlo, analizarlo y *utilizarlo* como arma. La memoria es siempre un arma. *No hay* memoria en el Cielo.

Jesús hace algo muy bello en el capítulo 28. La primera sección se llama "El recuerdo del presente" (T-28.I), que, por supuesto, es un oxímoron. No se puede tener un "recuerdo del presente". El "recuerdo del presente" es el Espíritu Santo, que solo existe en el *presente* donde recordamos a Dios. Pero no es un recuerdo del pasado. Es un uso diferente de la palabra "recuerdo". Para el ego, el "recuerdo" es siempre un ataque. Si mi realidad está en el presente y no hay pasado, entonces, ¿por qué resucito un pasado que no existe? Lo hago porque sirve a un propósito.

La causa de mi angustia no reside en mi decisión actual a favor del ego. Mi elección actual de ser culpable, que es la única razón por la que estoy disgustado y sufro, tiene una razón (y es aquí donde la memoria viene al rescate): es por lo que me hicieron. Fue algo que comí hace una hora. Anoche no dormí lo suficiente. "Me hicieron esto ayer, la semana pasada, la década pasada, el siglo pasado". "Mi presidente me hizo esto". "Mi jefe me hizo esto". Siempre es algo que *me* hicieron. Los recuerdos del pasado apoyan eso. Por eso tenemos recuerdos.

El instante santo

El instante santo es el término que usa el *Curso* para ese momento fuera del tiempo y del espacio en el que elegimos al Espíritu Santo en lugar de al ego. En el instante santo no hay tiempo. El instante santo está fuera del tiempo. Ni siquiera se puede decir que sea una fracción de segundo. No es temporal. Es un instante que trasciende la temporalidad de un instante.

También se nos dice que en el instante santo no hay cuerpo; *no hay cuerpo*. Eso es lo que significa la línea que dice: "No hay ni un solo instante en el que el cuerpo exista en absoluto" (T-18.VII.3:1). Traducido a un español sencillo, significa que en el instante santo no hay cuerpo. ¿Por qué? Porque el instante santo es cuando elegimos la Expiación del Espíritu Santo en lugar de la separación del ego. Si no hay separación, no hay pecado. Si no hay pecado, no hay culpa. Si no hay culpa, no hay miedo al castigo. Si no hay miedo al castigo, no hay proyección. Si no hay proyección, no hay cuerpo ni mundo.

Por eso en el instante santo no hay cuerpo, lo que significa que, cuando estoy en el instante santo no soy consciente de mí mismo como cuerpo. Mis ojos podrían ver cuerpos. Puede parecer que mi cuerpo está interactuando con el tuyo, pero en mi conciencia sé que no soy un cuerpo. Cuando el *Curso* habla del mundo real, ese es el gran instante santo. Es cuando solo hay un instante santo. No es que vayamos y vengamos entre lo santo y lo profano. El mundo real es un instante santo y eso es todo.

Cuando alguien como Jesús parecía estar aquí, sabía que no estaba *aquí*. No importaba lo que el mundo hiciera con su cuerpo. Él sabía que no estaba aquí. Sabía que no era un cuerpo. Sabía que era un pensamiento de amor en la mente; un *pensamiento* de amor, no un cuerpo de amor, no una persona de amor. Por eso Dios no es una *persona* de Amor. Él es el Pensamiento puro del Amor perfecto y la Unidad perfecta, y eso es lo que somos como Cristo.

Cuando elegimos el instante santo, en ese instante no somos conscientes de los cuerpos, lo que significa que no somos conscientes de la separación porque *no hay* separación. Cuando mis ojos miran cuerpos separados, mi mente sanada ahora ve intereses compartidos. Sí, mis ojos ven diferencias en los cuerpos, las personalidades, los acontecimientos, las situaciones; pero mi mente sanada solo ve al único Hijo de Dios jugando a ser muchos. Mi mente sanada solo ve a todos compartiendo los mismos intereses. Mi mente sanada ve a todos luchando la misma dura batalla. Mi mente curada ve a todos aterrorizados por el Amor que está justo más allá del campo de batalla en el que se libran las duras batallas.

Eso es lo que significa: "No hay ni un solo instante en el que el cuerpo exista en absoluto" (T-18.VII.3:1). Ese instante santo es lo que el *Curso* nos está enseñando a elegir cada vez con más frecuencia, hasta que al final sea lo único que elijamos. Esa es la entrada en el mundo real cuando no hay nada más. Ya no vamos y venimos.

Cualquier problema que yo tenga, cualquier problema que tenga cualquiera, no tiene nada que ver con la situación específica que encuentre en esta bolsa. El problema es: "¿Por qué voy a la bolsa? ¿Por qué elijo el ego en lugar del Espíritu Santo?". Y el *Curso*, por supuesto, nos da la respuesta: porque tenemos miedo del amor. En esa maravillosa sección, "El miedo a la redención", en el capítulo 13, se nos dice que nuestro miedo es que, si realmente escucháramos a Jesús, tomáramos su mano y oyéramos la llamada del amor, saltaríamos a los Brazos de nuestro Padre, y el mundo que conocemos desaparecería (T-13.III.2:6). El yo que conocemos desaparecería porque no hay mundo, no hay yo, no hay cuerpo, no hay separación en el amor.

El amor es la Unidad perfecta. Ese es nuestro miedo. En lugar de aceptar la responsabilidad de nuestro miedo al amor y de nuestro miedo al amor de Jesús, metemos la mano en nuestra bolsa de sorpresas y sacamos todos esos recuerdos, ya sea un recuerdo de hace cinco minutos o algo de un pasado lejano. No importa. Nos encanta coleccionar injusticias y agravios, y luego los metemos en esta bolsa para guardarlos. Para el ego, todos los días son Navidad porque el ego es Papá Noel. Cada día es una oportunidad para meter la mano y recibir otro regalo. "Tú eres el villano. Tú eres el malhechor. Tú eres al que Dios castigará y condenará al infierno. No a mí". No todo el mundo está librando la misma dura batalla, como ves, en el mundo del ego.

No confíes en tus sentimientos

Volviendo ahora a lo que estamos leyendo: el Espíritu Santo no cuenta, detalla ni cataloga todos los errores, porque eso nos asustaría, "y los que carecen de sabiduría *son* niños" (T-6.V.4:1). Por eso, como siempre me gusta señalar, ni una sola vez en ninguno de los tres libros, Jesús se refiere a nosotros como adultos. Léelo con mucha atención, ni siquiera verás nunca la palabra "adulto". Las que ves son "niños", "infantes", "bebés". Esas son las palabras que ves, y obviamente nos falta sabiduría.

Por eso necesitamos a un maestro como Jesús. Por eso necesitamos un curso, porque nos falta sabiduría, "y los que carecen de sabiduría *son* niños". Por eso, en lo que leímos antes del párrafo 2, Jesús dice: "¿Qué podría despertar más dulcemente a un niño que una tierna voz que no lo asusta sino que simplemente le recuerda que la noche ya pasó y que la luz ha llegado?". (T-6.V.2:1) Eso se debe a que no existe una jerarquía de ilusiones.

Todos los problemas son iguales. Todos los objetos de esta bolsa son iguales. La cuestión no es nunca, *nunca*, lo que hay en la bolsa de sorpresas por más poderoso que sea el recuerdo, por más poderoso que sea el sentimiento. Nunca jamás confíes en tus sentimientos porque los sentimientos son parte del cuerpo, lo que significa que mienten. Se nos dice: "Nada tan cegador como la percepción de la forma" (T-22.III.6:7), ¡nada tan engañoso como un sentimiento!

El ego lanza los sentimientos para justificar su elección. Si me siento feliz y alegre, es porque he satisfecho mis necesidades especiales de amor. Si me siento ansioso, temeroso, culpable y odioso, es porque *no* las he satisfecho. Los sentimientos no hacen más que reforzar la decisión del ego. La paz de Dios no es un *sentimiento*. No sube y baja, entra y sale. No tiene altibajos. No cambia de intensidad. El amor no cambia de intensidad. Es constante. Es un pensamiento.

Jesús nos dice: "No confíes en tus buenas intenciones, pues tener buenas intenciones no es suficiente" (T-18.IV.2:1-2). No te fíes de tus sentimientos. Cualquier sentimiento, si lo analizas realmente, tiene que ver con la separación. "Me siento bien porque tú me quieres. Tú me amas. Me siento desgraciado porque no me amas, porque me lastimas". Todo es separación. La paz de Dios abarca *a todos*. No se ve afectada por lo que el mundo hace. El amor de Jesús no se ve afectado por lo que digan o hagan los demás.

Esa es otra razón para tomarlo como nuestro "modelo de aprendizaje" (T-6.in.2:1). No importa lo que digas o lo que hagas; mi amor no cambia. La paz interior que solo puede provenir de una elección de la mente correcta no cambia. No se ve afectada por lo que tú digas o hagas, o por lo que el mundo diga o haga. No se ve afectada por lo que me hiciste hace 50 años. Sí, puede que me hicieras algo horrible hace 50 años. Tal vez sufrí un tremendo dolor emocional y físico a causa de lo que me hiciste. Pero ¿qué tiene que ver eso conmigo *ahora*? Yo no soy ese niño pequeño. Esa es la mentira.

Los sentimientos mienten. Siempre decimos: "Heriste mis sentimientos". Bueno, esa es la señal de que los sentimientos mienten. No puedes herir la paz de Dios. No puedes herir el Amor de Dios, pero puedes herir los sentimientos. Eso te dice que los sentimientos no son el amor y la paz de Dios; son otra cosa. Son la defensa contra el amor y la paz de Dios. El amor y la paz de Dios son *pensamientos,* totalmente impermeables a todo lo externo, porque no hay nada externo.

Todo lo que llega a haber alguna vez es la elección de la mente entre el amor y el miedo. Cuando elige el miedo, se inventa un cuerpo en el que esconderse, y entonces los cuerpos tienen sentimientos, que están causados por otras cosas. Los causan las hormonas; los causan las acciones de otras personas que tienen hormonas. Son causados por todo tipo de cosas, pero no por el amor y la paz de Dios. Los cuerpos sienten, eso creemos. Pero en el *Curso* se nos enseña que los cuerpos no hacen nada. Los cuerpos son como trozos de madera sin vida. No sienten. La mente errada le dice al cuerpo lo que tiene que sentir. Así que siente. Por eso los sentimientos mienten, porque los sentimientos los dicta el ego y el ego *siempre* miente.

Al Espíritu Santo no le importa lo que sentimos. Si tenemos miedo, es porque tomamos una *decisión* en el nivel de la mente para identificarnos con el *pensamiento* de miedo del ego que, por supuesto, va de la mano con la culpa, el pecado y la separación. El problema no es el sentimiento. El problema es por qué *elegimos* el sentimiento; *por qué* elegimos el sentimiento. Elegí el sentimiento para culpar. Elegí el sentimiento para atribuirte *a ti* mi buen o mal sentimiento. Pero los sentimientos siempre tienen un propósito. Apuntan hacia fuera. Apuntan al cuerpo. Vienen de dentro de mi cuerpo —físico y/o psicológico— y señalan con el dedo a tu cuerpo.

Nunca te guíes por los sentimientos. Los sentimientos mienten porque siempre se centran en lo externo. Y recuerda, tu cuerpo es tan externo a tu mente como lo es el cuerpo de otra persona. No confíes en tus sentimientos; no hay nada tan cegador como la percepción de un sentimiento (T-22.III.6:7). Siempre que tengas un sentimiento y lo mires, te darás cuenta de que nace de la separación. Entonces es cuando pides ayuda; no para cambiar el sentimiento, sino para cambiar el pensamiento que le dio origen.

La bondad: Ser la Luz

Cada sentimiento, todo lo que hay en este saco de sorpresas, forma parte del mismo sueño. El Espíritu Santo no asusta a los niños, se limita a recordarles que la noche ha acabado, que la pesadilla ha terminado "y la luz ha llegado" (T-6.V.2:1). Es decir, que aunque hayan elegido el sistema de pensamiento oscurecido del ego —el sistema de pensamiento del odio y el sufrimiento, el dolor y la muerte—, el amor sigue ahí. Nada lo ha cambiado. Solo estaba tapado.

La presencia del Espíritu Santo en nuestra mente levanta la tapadera. Lo que Jesús, como nuestro maestro, hace en este curso es levantar el velo para que podamos mirar. Primero miramos la oscuridad del sistema de pensamiento del ego y reconocemos que no es real. No tiene poder. La elegimos para tapar el amor y la luz que están ahí. Ese es el problema.

Cuando estás en presencia de alguien que está sufriendo de forma evidente un ataque del ego, ese alguien está diciendo: "Elegí la oscuridad del ego y estoy tan abrumado por la culpa y el terror que la única manera de sobrevivir es proyectarla y atacarte. Por favor, muéstrame que estoy equivocado". Cada ataque está diciendo eso. Cada palabra dura está diciendo eso. Cada acto insensible está diciendo eso. Cada falta de amabilidad está diciendo eso. Está diciendo: "Por favor, demuéstrame que estoy equivocado". Bueno, ¿cómo le demuestras que está equivocado? No catalogando sus errores. Si lo haces, entonces lo que le estás diciendo es: "Sí, tienes razón. Estás equivocado. Eres un miserable pecador. Me has hecho cosas terribles y deberías lamentarlo". Así es como el mundo gestiona las cosas. Eso es lo que el mundo bendice en las relaciones.

Como dije el otro día, a la gente le encanta discutir. A la gente le encanta pelear. A la gente le encanta detallar los errores. Pero cuando escuchas más allá del ataque (el error de elegir la oscuridad en lugar de la luz), la súplica ferviente dice: "Por favor, muéstrame que estoy equivocado. Por favor, muéstrame que no he destruido la luz. Por favor, muéstrame que la luz del amor no se ha extinguido". Cuando escuchas eso, tu respuesta es obvia. Simplemente sé la luz. Ser la luz es lo que les recuerda que la noche ha terminado y que la luz ha llegado (T-6.V.2:1).

Mirando la última línea del párrafo 2:

(T-6.V.2:5) Y así, cuando [el niño] **vuelva a tener pesadillas, él mismo invocará la luz para desvanecerlas.**

Porque ahora les has recordado que la luz no está en *ti;* la luz está en *ellos.* No les ayuda mucho si solo ven la luz en ti. No ha ayudado al mundo ver la luz de Cristo solo en Jesús y a todos los demás como miserables pecadores. Lo único que ayuda es ver la luz en él como un espejo del resplandor de esa misma luz en nosotros. Eso es útil.

Eso es lo que Jesús hace por nosotros en este curso. Eso es lo que nos pide que hagamos unos por otros y, al hacerlo unos por otros, lo hacemos para nosotros mismos. Oyes en el ataque de alguien —no importa lo atroz que sea el crimen o el acto, no importa lo que sea, lo monstruoso que sea—, puedes oír si escuchas con el par de oídos adecuado. Oirás la ferviente petición de ayuda que dice: "Por favor, por favor, muéstrame que no he destruido la luz. Mi odio, mi culpa y mi miedo no han apagado esa luz". Y tú se lo demuestras siendo la luz.

Eso es lo que significa esa maravillosa frase, que siempre cito, en la que Jesús dice: "No enseñes que mi muerte fue en vano. Más bien, enseña que no morí, demostrando que vivo en ti" (T-11.VI.7:3-4). ¿Qué significa que Jesús vive en ti? Pues que fue Jesús quien aceptó la Expiación para sí mismo. Eligió la luz de la resurrección, que en el *Curso* significa despertar del sueño de la muerte.

Pues bien, si él lo hizo, y dice: "Tú estabas conmigo cuando me elevé" (C-6.5:5), nosotros también lo hicimos. La luz de la resurrección brilla en mí como brilla en Jesús, como brilla en todos. "Pero, cuando me atacas, la has olvidado y piensas que has crucificado al Hijo de Dios", lo cual, una vez más, es la razón por la que a todo el mundo le encanta el mito cristiano, porque todo el mundo es culpable de haber crucificado al Hijo de Dios.

No es que haya sucedido en la realidad, pero eso es lo que creemos. Ese es nuestro sueño. Todos creen que han crucificado al Hijo de Dios; que han extinguido la luz de Cristo para siempre. Mediante tu amor, tu indefensión y tu bondad demuestras que no ha ocurrido nada. Tus pecados contra mí no han tenido ningún efecto. La luz sigue brillando en mí, como brilla en Jesús, como brilla en ti, y puedes elegirla cuando quieras. Cuando vengan las pesadillas, tú mismo invocarás la luz para disiparlas (T-6. V.2:5).

En lugar de demostrar que otros se equivocan, en lugar de catalogar sus pecados, en lugar de desenterrar todas esas cosas del fondo de la bolsa de hace 50, 60, 70 años y de arrojárselas a la cara a quien sea, lo que elegimos es dejar la bolsa, elegimos dejarnos ser la luz del Amor de Dios (T-6.V.2:5). Entonces brilla automáticamente a través de nosotros, y todo lo que digamos y hagamos reflejará ese amor y esa luz, y *eso es* lo que cura. No se puede ser amable sin eso.

La bondad es imposible si crees en la separación; *imposible*. Por eso, aquí, la mayoría de las amabilidades tampoco son de fiar. "Estoy siendo amable *contigo*". De nuevo, como dije el otro día, basándome en lo que dice El Canto de la Oración, eso sería *amabilidad-para-destruir*. Y el *perdón-para-destruir* (S-2.II) o *sanar-para-separar* (S-3.III.2:1) son lo mismo.

Solo puedes ser verdaderamente amable cuando reconoces que no hay diferencia entre tú y otra persona. Puede haber una diferencia temporal, en el sentido de que tú lo sabes y ella *no* lo sabe. Pero, como tú lo sabes y te identificas con ese amor, ese amor hablará a través de ti. Si no lo hace, entonces eres tan ignorante como la otra persona, y estás en tanta oscuridad como ella, y eres *tú* quien necesita la bondad.

Volvamos al párrafo 4. De nuevo, el Espíritu Santo no asusta a los niños...

(T-6.V.4:1-2) [...] y los que carecen de sabiduría *son* niños. [En otras palabras, como no entendemos, necesitamos un Maestro]. Siempre responde, no obstante, a su llamada, y el hecho de que ellos puedan contar con Él los hace sentirse más seguros.

La confusión entre fantasía y realidad

Por eso, naturalmente, no acudimos al Espíritu Santo o a Jesús en busca de ayuda, porque ellos siempre responden a nuestra llamada. No pueden *evitarlo*. Ellos son la luz. La luz es siempre la respuesta. No es que respondan con palabras. Simplemente aman. Y esa respuesta siempre está ahí. Siempre es fiable porque es lo único que es verdad.

En el mundo de los sueños, en el mundo de la ilusión, lo único que es verdad es el reflejo del Amor del Cielo que está en nuestra mente correcta. Eso es el Espíritu Santo. Y "Jesús" es el nombre específico que damos a esa Presencia que todo lo ama. Por eso no le pedimos ayuda. Por eso arrastramos a Jesús al mundo y le exigimos que nos arregle las cosas *aquí*. Porque ciertamente él no es de fiar en este mundo, y el ego utiliza eso como un argumento maravilloso para no pedirle ayuda. Él es totalmente fiable en nuestras mentes porque la resurrección ya ha ocurrido. Es el despertar del sueño de la muerte. Simplemente hemos elegido contra la resurrección. Hemos elegido no recordarla, pero está ahí.

(T-6.V.4:3) Los niños *ciertamente* confunden las fantasías con la realidad, y se asustan porque no pueden distinguir la diferencia que hay entre ellas.

Esta es una frase muy, muy importante porque apunta al verdadero problema. Este es el problema que casi todos los alumnos de este curso tienen. Confunden fantasía y realidad. La realidad es cualquier cosa que refleje la Unidad perfecta. En este mundo, la realidad es cualquier cosa que refleje la Unidad perfecta. La fantasía es todo lo demás; todo lo que habla de ser especial, de la separación, del bien y del mal, de estar avanzado y no avanzado; todo lo que habla de distinción, de diferenciación. Eso es fantasía. A eso se refiere Jesús en un capítulo posterior cuando dice: "¿Crees acaso que puedes llevar la verdad a las fantasías y aprender lo que significa desde la perspectiva de lo ilusorio?" (T-17.I.5:1).

Eso es lo que todo el mundo hace con el *Curso*. Eso es lo que todo el mundo hace con las enseñanzas del *Curso*. Eso es lo que todo el mundo hace con el perdón y la bondad. Tratamos de entender la bondad desde la perspectiva de la fantasía. A esto se refiere Jesús cuando dice que no pongamos el perdón "en un marco mundano" (S-2.III.7:3).

Extendiendo eso, no pongas *Un curso de milagros* en un marco mundano. No pongas la bondad en un marco mundano. No trates de entender que hay una persona que está siendo amable con otra. Ahí es donde empezamos porque pensamos que estamos separados. Pero la amabilidad solo puede ser verdaderamente amable si viene de tu mente correcta, lo que significa que eliges al Maestro del Amor, no al maestro del amor especial. Cuando traes a Jesús al mundo y crees que él hace cosas aquí, estás confundiendo fantasía y realidad.

Él es la única realidad en el mundo de la ilusión porque refleja la realidad del Amor de Dios. Cuando lo arrastramos al mundo, estamos diciendo: "No me interesa el Amor de Dios. Me interesa el amor *especial*". El amor especial siempre es específico. Siempre es separador y nunca satisface de verdad porque no es lo que queremos. Tenemos miedo porque no reconocemos la diferencia entre fantasía y realidad.

Un ejemplo de ello sería cualquier cosa del mundo que pensamos que nos asusta. Creo que algo fuera de mí puede hacerme daño. Eso es fantasía. Una palabra aún más fuerte es "alucinación". No hay nada fuera de mí. La realidad es que me asusta mi propia culpa, que tampoco es real. ¡Qué tontería! Hacemos que la culpa sea real cuando no lo es. La hacemos tan aborrecible y aterradora, cuando no lo es porque no es nada. Entonces la proyectamos fuera e inventamos un mundo aborrecible y aterrador —y no lo es— porque confundimos fantasía y realidad.

La realidad es el Amor de Dios en la Presencia del Espíritu Santo en nuestras mentes correctas. Esa es la realidad aquí. Nada puede tocarme cuando estoy en presencia de ese amor. Mi cuerpo puede estar herido, pero yo sé que no soy mi cuerpo. Puedes insultar a mi cuerpo, pero yo sé que no soy mi cuerpo. No me lo estás haciendo a mí. Repito: No me lo estás haciendo a mí. En los obstáculos para la paz, cuando habla de la muerte, Jesús nos dice: "No confundas el símbolo con la fuente" (T-19.IV.C.11:2). Esta es otra frase muy importante. ¿Qué es confundir símbolo y fuente? La creencia de que el cuerpo muere; ese es el símbolo.

Los cuerpos no mueren. Los cuerpos son símbolos de la decisión de pensar el pensamiento de muerte; esa es la fuente. Jesús dice que no confundamos el símbolo con la fuente. No pongas la muerte en un marco terrenal. Los cuerpos no mueren. Los cuerpos no son asesinados. Los cuerpos no asesinan. Los cuerpos no enferman. Los cuerpos no se curan. Los cuerpos no nacen. Los cuerpos no viven. Los cuerpos no mueren. No confundas el símbolo con la fuente.

La muerte del cuerpo, que es el contexto de esa afirmación, es un símbolo del pensamiento de muerte y, más concretamente, de que hemos *elegido* el pensamiento de la muerte. Esa es la fuente. La muerte no puede ser la fuente del pensamiento de muerte porque no hay pensamiento de muerte. Existe una *creencia* en el pensamiento de muerte. Esa creencia es la fuente. Pero la confusión entre la realidad y la fantasía es que pensamos que ocurre algo ahí fuera. ¿Cómo puedo ser amable si vivo en un mundo cruel en el que me siento amenazado todo el tiempo? De nuevo:

(T-6.V.4:3-4) **Los niños *ciertamente* confunden las fantasías con la realidad, y se asustan porque no pueden distinguir la diferencia que hay entre ellas.** [Y aquí está la línea que he citado antes]: **El Espíritu Santo no hace distinción alguna entre diferentes clases de sueños.**

"El Espíritu Santo no hace distinción entre los sueños". ¿Qué hacemos? Le pedimos al Espíritu Santo que arregle este sueño, que cure este sueño, que se ocupe de este sueño. Arrastramos a Jesús al mundo y le decimos lo mismo, como si aquí pudiera haber problemas diferentes, como si aquí se pudieran ver cuerpos diferentes. De hecho, incluso como si pudiera haber un *aquí*. Ellos no ven, y no hacen distinciones entre los sueños.

Esa es la primera ley del caos: "Existe una jerarquía de ilusiones" (T-23.II.2:3). Hay una jerarquía de sueños. Hay una jerarquía de problemas. Existe una jerarquía de relaciones. Hay una jerarquía del *bien*; el bien es un extremo de la continuidad y el mal es el otro. El Espíritu Santo no hace eso. Para Él, un sueño es un sueño, y Él representa la luz que nos despierta del sueño.

Por eso es tan importante entender pasajes como este, porque aquí se encuentra todo el *Curso*. Si no lo entiendes realmente, entonces te *desvías mucho* porque confundes realidad y fantasía. Confundes símbolo y fuente (T-19.IV.C.11:2). Crees que a Jesús le importa lo que pasa en este mundo. ¿Crees que a Jesús le importa lo que ocurre con su curso? Su curso es una expresión, un reflejo en el mundo del Amor perfecto. ¿Crees que el Amor perfecto puede preocuparse por algo que no existe porque está fuera de él?

Si quieres decir que a Jesús le importa algo, lo único que le importa es que aceptes su amor en lugar de rechazarlo; evidentemente, no porque su ego se vaya a sentir mejor, sino porque *nosotros* nos sentiremos mejor. Por eso, si quieres hablar de lo que a Jesús le importa, eso es lo que le importa. Eso es todo lo que le importa en este curso: que elijamos el amor en lugar del miedo porque nos sentiremos mejor. Elige la luz en lugar de la oscuridad. Elige la resurrección en lugar de la crucifixión. Elígele a Él como maestro en vez de al ego. Elige el perdón en lugar del odio. Eso le importa porque todas estas son formas diferentes de expresar la única decisión que puede *tomar* la mente: aquí no pasa nada.

Él no confunde el símbolo con la fuente. No le importa conseguirte una plaza de aparcamiento porque sabe que tu plaza de aparcamiento en el Cielo está asegurada, y por eso te lo recuerda. En ese recuerdo, toda tu ansiedad por encontrar aparcamiento desaparece. Podrías ver con qué facilidad y sutileza caemos en la trampa, y queremos traerlo aquí porque, de nuevo, confundimos verdad y realidad con fantasía, y también símbolo y fuente; eso es lo que hacen los niños.

Preguntas

Buenos recuerdos

P: Ken, estoy pensando en lo que dijiste sobre los sueños y supongo que son un truco del ego, o algo así. ¿No podrías decir algo (para darles el mismo tiempo) sobre los "buenos" recuerdos?

K: ¿Buenos recuerdos?

P: Sí, el día de la boda o...

K: ¿Como cuando los Dodgers ganaron las Series Mundiales en 1955? ¿Te refieres a ese tipo de recuerdos? [Risas]. Sí, Ray es fan de los yankis.

P: "Buenos" para algunas personas.

K: Sí. ¡Ah, eso! Yo era fan de los Brooklyn Dodgers. Bueno, solo tendrías "buenos" recuerdos si te llevaran a ir más allá de todas las distinciones. Si tienes un buen recuerdo, digamos, de la primera vez que encontraste *Un curso de milagros*, es un recuerdo feliz, ¿de acuerdo? Ahora bien, eso podría ser utilizado por el ego, pero también podría ser utilizado como: "Eso me recuerda que estuve en la mente recta hace veinte años. Puede que no haya vuelto allí desde entonces. Pero estuve en la mente correcta". Ese es un recuerdo útil. Cualquier cosa que te recuerde que tienes una mente correcta es buena. ¿Qué te parece?

Dolor y sufrimiento

P: Si pudieras ayudarme. Cuando tienes una inquietud o una preocupación, pides ayuda para cambiar ese pensamiento de inquietud. Entonces, ¿ese proceso cambia porque te das cuenta de que, de todos modos, es solo una ilusión?

K: Lo que haces es reconocer que, si estás molesto, debes estar percibiendo la situación equivocadamente. Entonces reconoces que, si estás disgustado, es porque has elegido al maestro del disgusto, que es el ego, en lugar de al Maestro de la paz. De nuevo, no importa qué palabras utilices. Lo que esto hace es cambiar tu enfoque sobre lo que está ahí fuera y sobre cómo lo que está ahí fuera parece afectarte. Cambias de enfoque desde eso a tu mente que eligió al maestro equivocado, y entonces es muy útil entrar en contacto con que *quieres* estar molesto.

De nuevo, lo que este curso hace, entre otras cosas, es proporcionarnos la motivación de por qué elegimos el ego, lo que de otro modo no tendría ningún sentido. ¿Por qué elegiríamos un sistema de pensamiento que es tan doloroso para los demás y para nosotros mismos? Pues bien, el *Curso* nos ayuda a entender el porqué, por qué el dolor es bueno para el ego. El dolor dice: "Existo. Tengo dolor *y* alguien o algo fuera de mí me lo infligió". Ese es el deseo secreto del que hablamos antes. Es el deseo secreto de todo el mundo.

Tomando prestada una idea de Freud, el núcleo del sueño de todo el mundo aquí es cumplir ese deseo. Es el deseo de reforzar la propia existencia separada y demostrar que es real, sin aceptar ninguna responsabilidad por ello. En este sentido, el dolor es perfecto. Hay una frase en el *Curso* que dice que el dolor chilla (T-27.VI.1:1-2). ¿Qué grita el dolor? "¡Tú [me] hiciste esto!". Es un testigo de *tu* pecado, que es la defensa contra la admisión de mi responsabilidad por *mi* pecado, o contra mi creencia de que he pecado. Eso es lo que hace el dolor.

La lección 190 lleva por título "Elijo el júbilo de Dios en lugar del dolor" (L-pI.190), y en esa lección están estas horribles líneas que dicen que, si hay dolor, "Dios no existe". Si Dios es real, el dolor no existe (L-pI.190.3:3-4), lo que significa que, cuando elegimos el dolor es para demostrar que Dios no existe. ¿Por qué? Porque el dolor, es del cuerpo, a nivel físico y/o psicológico. Si soy un cuerpo, estoy separado. Si siento dolor, algo me lo ha causado. Si hay separación, no puede haber un Dios de unidad.

Por tanto, si hay dolor, Dios no existe. El dolor, entonces, se convierte en el epítome de todo el sistema de pensamiento del ego. Por otra parte, si Dios existe, no puede haber dolor (L-pI.190.3:3-4) porque no hay separación. Si existe Dios, que es la Unidad y el Amor perfectos, no puede haber separación. Si no hay separación, no hay culpa; si no hay culpa, no hay proyección. Si no hay proyección, no hay cuerpo; si no hay cuerpo, no hay dolor. Así que es *una cosa o la otra*.

El dolor tiene un propósito. El sufrimiento tiene un propósito. Sentirse tratado injustamente tiene un pro-

149

pósito. Sentir *cualquier cosa* tiene un propósito. Y su propósito es probar que yo tengo razón, y Dios está equivocado. Yo existo, pero alguien o algo ha hecho que sea así, lo que significa que conservo mi individualidad, mi existencia separada y especial, pero alguien más pagará el precio por ello. Es perfecto desde el punto de vista del ego. Eso es lo que hace que este curso sea una herramienta espiritual tan poderosa, porque es muy sofisticado psicológicamente.

La psicología nos ofrece una manera maravillosa, maravillosa, de eliminar los obstáculos a nuestro ser espiritual. La psicología y la espiritualidad no tienen nada en común. La espiritualidad es de Dios. La psicología es del ego. Pero lo que el estudio de la psicología sí hace es ayudarnos a deshacer nuestra creencia en la culpa; deshacer nuestras proyecciones de culpa. En otras palabras, la psicología es extraordinariamente útil y valiosa para eliminar los obstáculos o las interferencias a la conciencia de la Presencia del Amor. El amor, por supuesto, es de lo que trata el viaje espiritual; esa es la meta.

Lo que hace este curso es combinar esta profunda visión espiritual de lo que es la realidad con un profundo sistema de pensamiento psicológico que nos ayuda a entender lo que estamos haciendo aquí y *por qué* lo estamos haciendo, y por lo tanto, cómo deshacer lo que hacemos aquí. Nos ayuda a comprender la motivación de por qué estamos aquí, el motivo de que siempre juzguemos, encontremos faltas y critiquemos; el motivo de que siempre queramos sentir dolor y sufrir.

Sabemos que queremos sufrir porque es nuestro sueño, y sufrimos en nuestro sueño. ¿Por qué tendríamos un sueño que no nos da lo que queremos? Recuerda que los sueños son la realización de deseos. *Quiero* que me traten injustamente. Quiero sufrir. Quiero que me traten mal, y creo que eso justifica que, a cambio, yo sea cruel. Cuando la verdad del asunto es que yo soy la entidad que no es nada amable originalmente.

Fui cruel con Dios y con Su Hijo. Eso es lo que no quiero ver. Así que lo proyecto y hago que todos los demás sean crueles conmigo. ¿Cómo sé que no eres amable conmigo? Porque estoy herido, porque sufro, porque me haces enojar. Me deprimes. Me provocas dolor físico. Me provocas dolor psicológico. ¡Es perfecto! Es evidente que existo. Soy un yo sufriente, pero tú eres quien me lo ha causado.

Hacer cosas en el mundo

P: Algunas personas podrían volverse locas con la idea de que el mundo es una ilusión porque, entonces, es como que te olvidarías de hacer cosas. ¿Para qué hacer nada? Simplemente te ríes y dices: "Bueno, es una ilusión". Es decir, ¿para qué participar en nada? En cierto sentido, ¿para qué participar en nada del mundo?

K: ¿Habéis oído todos la pregunta? Porque es una muy buena pregunta y, en realidad, hay muchos estudiantes del *Curso* que se plantean eso. "¿Para qué hacer algo? Al fin y al cabo, todo es una ilusión". No hay nada malo en esa postura si realmente supieras que no hay nadie diciendo esas palabras. Si realmente supieras que no hay nadie en casa diciendo: "No hay nadie en casa", entonces esa postura tendría todo el sentido.

Sin embargo, si en realidad crees que eres una persona diciendo esas palabras, entonces eres una mentirosa, porque dices esas palabras pero no te las *crees*. Si digo: "Esto es una ilusión, por lo tanto no importa lo que haga aquí". ¿Quién es el que dice eso? "Yo". Estoy diciendo: "Tengo un cuerpo y no importa lo que mi cuerpo haga porque todo es una ilusión". Bueno, yo no creo que todo sea una ilusión porque creo que tengo un cuerpo que puede hacer cosas.

Esa fue una de las áreas en las que muchos de los antiguos gnósticos se equivocaron. Los gnósticos eran una especie de conglomerado. No había un solo sistema. Gnosticismo es un nombre general dado a un movimiento religioso/filosófico que comenzó antes de la época de Jesús y floreció durante la época de Jesús, pero tuvo muchas expresiones diferentes. No solo el cristianismo, no solo el judaísmo, sino también el maniqueísmo y otro par de movimientos que he olvidado. Escribí un libro sobre ello, pero fue hace años. Había muchas sectas diferentes, pero lo que las unía era la creencia de que el mundo no había sido creado por Dios. Esa era una de las creencias gnósticas fundamentales, y también que no se necesita un intermediario entre uno mismo y el Dios verdadero.

Algunos de los gnósticos creían que, como el mundo no fue creado por Dios, el dios bíblico era falso. El dios bíblico no era el Dios verdadero. Como el mundo no fue hecho por Dios (nunca dijeron que era una ilusión, pero dijeron que no es de Dios), y básicamente no es real, por lo tanto no importa lo que hagas. Y la manera de probar que no estás atado a las leyes de este falso dios era cometer todos los pecados imaginables para mostrar que podías desafiar todas estas leyes porque no significan nada para ti. Los mandeos, un grupo particular de gnósticos, cometían todo tipo de excesos sexuales. Mentían, engañaban y robaban, todo para demostrar que el mundo no los dominaba, que es la manera perfecta de demostrar que el mundo los dominaba, porque tenían que demostrar que *no* los dominaba.

Uno de los estímulos originales para escribir el libro fue mostrar los paralelismos entre lo que hacían los gnósticos hace 2.000 años y lo que hacen los estudiantes del *Curso*. Lo que acaba de decir Pamela es un ejemplo de ello. "El mundo es una ilusión, por lo tanto, no importa lo que yo haga". Una vez más, si realmente creyeras que el mundo es una ilusión, ni siquiera *dirías* tal cosa. No te dedicarías a intentar demostrar que el mundo es una ilusión. Tienes que ver el propósito subyacente. Cada vez que dices algo y empiezas con la palabra "yo", no creas lo que dices porque en verdad no hay un "yo".

Cuando realmente sabes que este mundo es una ilusión, y sabes que no estás aquí, entonces sabes que tu única realidad es el amor en tu mente correcta, que fluirá a través de ti y guiará todo lo que hagas. Todo lo que hagas será amoroso y amable, y abarcará a todas las personas. Tu única preocupación será quitarte de en medio y no interponerte en el camino de ese amor. No te preocupará lo que tu cuerpo haga o deje de hacer porque sabrás que no eres tu cuerpo. El amor en tu mente se extendería a través de ti y guiaría a tu cuerpo a ser amoroso y amable. Sabrías que tu cuerpo no es tu realidad, pero otras personas no lo sabrían. El amor y la bondad abrazarían a *todos* como uno solo.

Las lecciones del Espíritu Santo (continuación)

Volvamos adonde estábamos. Estamos en el capítulo 6, sección V, en la mitad del párrafo 4. La última frase que leí fue la 4.

(T-6.V.4:4-6) El Espíritu Santo no hace distinción alguna entre diferentes clases de sueños. Simplemente los hace desaparecer con Su luz. Su luz es siempre la llamada a despertar, no importa lo que hayas estado soñando.

Lo que haya en tu bolsa de "regalos" del ego es irrelevante. El problema es por qué tu mano pasó de la luz a la oscuridad de esa bolsa. Ese es el problema. La luz del Espíritu Santo simplemente los disipa. Disipa los sueños recordándonos que podemos elegir de nuevo. No tienes que hacer un análisis exhaustivo de lo que hay en la bolsa o sacar uno de los "dones" y analizarlo.

A veces eso podría ser útil en el sentido de aprender que *todo* lo que hay en esa bolsa es lo mismo. Eso podría ser muy útil. Miras algunos elementos, igual que, si estás en terapia, repasas tu pasado y empiezas a ver: "Sabes, el problema que tuve con mi madre, con mi padre, con ese profesor, con esta persona cuando era niño, es el mismo que tengo ahora". Eso es útil. Te permite empezar a ver que el ego es un sistema de pensamiento. Puede ser útil ir a tu bolsa y coger unas cuantas baratijas. "¡Ves, oh, son todas iguales!". Solo parecen diferentes, pero todas carecen de valor.

Pero, una vez que empiezas a hacer eso, la tentación es querer analizar todo lo que hay en la bolsa, analizar todo tu ego, cuando todo lo que realmente tienes que hacer es entender que tuviste miedo del amor y elegiste el miedo. Tuviste miedo de la luz y elegiste la oscuridad. Eso es todo lo que tienes que saber. Cuando sabes eso y te das cuenta del dolor que te está costando haber hecho la elección equivocada, la elección correcta es automática.

De nuevo, así es como eres amable con los demás. No haces distinciones entre las duras batallas de la gente. Todas las personas que conoces, todas las personas con las que te encuentras están librando la misma dura batalla. Eso es lo que es tan importante comprender.

Siempre nos gusta hacer distinciones. Siempre nos gusta diferenciar entre los miembros de la filiación, porque eso es lo que prueba que la separación es real. No es solo que yo sea diferente y esté separado de Dios; soy diferente y estoy separado de todos los demás. Y al probar que soy diferente y estoy separado de todos los demás, estoy probando que soy diferente y estoy separado de Dios, ¡lo que significa que he ganado! ¡Yo existo! Dios pierde, al menos en nuestras mentes dementes. La realidad es que Dios no ha perdido en absoluto. El recuerdo del Amor de Dios todavía está en nuestras mentes correctas; solo lo hemos tapado y lo buscamos en el lugar equivocado. Lo que significan estas dos frases es que tomamos al Espíritu Santo como modelo para aprender.

(T-6.V.4:5-6) Simplemente los hace desaparecer con Su luz. Su luz es siempre la llamada a despertar, no importa lo que hayas estado soñando.

Reiterando lo que he dicho antes, lo que esto nos pide, que es la esencia de la bondad, es que cuando estemos en presencia de alguien que esté atacando, ya sea una figura pública o alguien de nuestro mundo personal o incluso nosotros mismos, escuchemos lo que hay debajo. Ya he hablado otras veces de oír la melodía, de oír el silencio y de ir más allá de los gritos estridentes del ego. Ve más allá de las palabras, más allá de los sentimientos, más allá de la intensidad de los sentimientos, más allá de todos los significados que has proyectado sobre los sentimientos, las palabras y las imágenes, y escucha lo que todos tenemos en común.

Todos están librando una dura batalla. *Todos* tienen el mismo ego. Todos creen que su ego está en guerra con Dios. Todos estamos tan aterrorizados por el resultado que creemos seguro —porque nuestra culpa es astronómicamente alta— que tenemos que escapar de ello proyectando un mundo y pensando que nos están haciendo cosas y que, por lo tanto, está justificado que respondamos en consecuencia.

El concepto del yo frente al verdadero ser

Permitidme que os lea desde el principio de "El concepto del yo frente al verdadero ser". Está en el capítulo 31, sección V, párrafo 2. Ahora, mientras os leo esto, daos cuenta de que Jesús no está describiendo a algunas personas; está describiendo a *todos*. Todos creen lo que os voy a leer:

(T-31.V.2:1-5) **Forjas un concepto de ti mismo, el cual no guarda semejanza alguna contigo. Es un ídolo, concebido con el propósito de que ocupe el lugar de tu rea-**

lidad como Hijo de Dios. El concepto de ti mismo que el mundo te enseña no es lo que aparenta ser, pues se concibió para que tuviera dos propósitos, de los cuales la mente solo puede reconocer uno.

Ahora está estableciendo que tenemos dos caras o, como vimos el otro día, dos sueños; el sueño de la mente y el sueño del mundo. Aquí, el sueño del mundo es lo que el mundo parece hacer. "El concepto de ti mismo que el mundo te enseña no es lo que aparenta ser" (T-31.V.2:4). Lo que parece ser (el concepto del yo) es el rostro de la inocencia. "El primero", ahora estamos viendo el primer rostro.

(T-31.V.2:6) El primero presenta la cara de inocencia, el aspecto con el que se actúa.

Yo soy el efecto; el mundo es la causa. Soy inocente. Soy inocente de mi nacimiento. Soy inocente de mi estructura genética. Soy inocente de cómo es mi cara. Soy inocente de mi sexo. Soy inocente de *todo*. Me lo hicieron a *mí*. Yo soy el aspecto sobre el que se ha actuado.

(T-31.V.2:7-9) Esa es la cara que sonríe y es amable e incluso parece amar. Busca compañeros, contempla a veces con piedad a los que sufren y de vez en cuando ofrece consuelo. Cree ser buena dentro de un mundo perverso.

Incluso las personas que llamamos "malvadas" se creen buenas porque creen que el mal las ha convertido en lo que son. Cuando las personas están motivadas por el odio, y matan, mutilan y torturan, creen que son buenas porque el mal las hizo así y no tenían otro remedio, como veremos dentro de un momento. Este aspecto, esta cara de inocencia, es el punto de partida *de todos* cuando nacemos, cuando somos concebidos. Cuando somos concebidos, somos pasivos. La frase "somos concebidos" está en pasiva. Algo se *nos* hizo. Algo nos *hizo*. El esperma y el óvulo se unieron y nosotros somos el resultado. "¡Yo no lo *elegí*! Se hizo y yo soy el resultado". Ese es el rostro de la inocencia.

(T-31.V.3:1-2) Este aspecto puede disgustarse, pues el mundo es perverso e incapaz de proveer el amor y el amparo que la inocencia se merece. Por esa razón, es posible hallar este rostro con frecuencia arrasado de lágrimas ante las injusticias que el mundo comete contra los que quieren ser buenos y generosos.

"No es culpa mía. Llevo dentro la leche de la bondad humana. Soy un alma bondadosa, cariñosa, amable y cuidadosa, *pero* ¡mira lo que me ha hecho el mundo! Abusó de mí. Me traicionó. Me abandonó. Me descuidó. Me ha tratado injustamente y no tengo elección".

(T-31.V.3:3-4) Este aspecto nunca lanza el primer ataque. Pero cada día, cientos de incidentes insignificantes socavan poco a poco su inocencia, provocando su irritación e induciéndolo finalmente a insultar y a abusar descontroladamente.

Así somos todos. "El mundo me hizo así". Esto explica la violencia de cualquier grupo minoritario, de cualquier pueblo oprimido. "No nacimos asesinos. No nacimos odiosos. Mira cómo nos ha maltratado la sociedad. Ellos nos *hicieron* así. Mis padres me hicieron así". Todos los que caminan sobre la faz de esta tierra creen eso, y por tanto está justificado que caminemos por ahí con nuestra bolsa de agravios. Y el propósito de esta cara es ocultar la cara subyacente.

Salto al párrafo 5.

(T-31.V.5:1-2) **El concepto del yo se concibió para enseñar la lección que se encuentra detrás de la cara de inocencia. Es una lección acerca de un terrible desplazamiento y de un miedo tan devastador que la cara sonriente tiene que mirar para siempre en otra dirección, no sea que perciba la traición que oculta.**

"Yo soy el asesino. Soy el traidor. Yo soy el que abandonó el Amor. Yo soy el que fría y cruelmente crucificó al Hijo de Dios. *Yo soy ese*". Esa es la traición. Entonces, ¿cuál es la lección que enseña este rostro de inocencia? Esta:

(T-31.V.5:3) **"[...] Yo soy la cosa que tú has hecho de mí, y al contemplarme, quedas condenado por causa de lo que soy".**

Todo el *Curso* apunta hacia esta sección, que viene justo al final del Texto. Es algo muy duro, porque Jesús está hablando de *todo el mundo*. "Soy lo que tú has hecho de mí y, al contemplarme, quedas condenado por causa de lo que soy". Cada vez que un niño llora está condenando a sus padres. "¿Por qué no estás ahí para mí?". Cada vez que nos enfadamos con alguien, a cualquier edad de nuestra vida, estamos señalando con un dedo acusador a alguien y diciendo: "Mi enfado te está mostrando lo que me hiciste. Mírame y estás condenado por lo que yo estoy sufriendo". Todo el mundo hace esto.

Todos están librando la misma dura batalla de tratar de negar que esto es lo que somos: este rostro de traición. Por eso Jesús nos dice que este no es un curso que enseñe amor. Este curso enseña odio; enseña culpa, aunque no la promueve. Está diciendo que eso es lo que somos. Somos hijos de la culpa y del odio y, si no lo miras, nunca serás capaz de dejarlo ir y elegir de otra manera.

Por eso, cuando creamos el mundo y nuestro sueño, y específicamente nuestras vidas como *homo sapiens*, nos hicimos tan vulnerables y tan fáciles de herir, porque queremos decir a todo el mundo: "¡Mírame! Soy lo que tú has hecho de mí y, al mirarme, quedas condenado a causa de lo que soy". En otras palabras: "Mírame, hermano, por tu culpa muero" (T-27.I.4:6). Todo el mundo hace esto. Todos libran la misma dura batalla de tratar de negar: "Esto es quien soy". Ponemos la cara de inocencia. Quiero mantener y hacer creer a todo el mundo que tú me hiciste esto para ocultar mi culpa secreta.

El *Curso* habla de los "pecados secretos y odios ocultos" (T-31.VIII.9:2): se trata de ocultar mi culpa secreta por haber hecho esto. El ego y su mundo no son imágenes bonitas. Pero si no miramos la imagen, nunca podremos ser amables con nadie. La bondad, para ser bondad, debe ser universal. No puede ser solo que algunas personas estén librando una dura batalla. *Todo el mundo* la está librando. Si no ves que todo el mundo está librando una dura batalla, lidiando con sus egos y su *tremendo* sentimiento de culpa, si no ves eso, no puede haber compasión en ti porque la compasión, como la bondad, debe ser universal.

La palabra "compasión" significa literalmente "sufrir con". "Com" significa "con", y "pasión" significa "sufrimiento". Por eso se habla de la "pasión de Jesús". No es "pasión" como solemos pensar en ella, pasión sexual o amor. Es sufrimiento. Eso es lo que significa "pasión": sufrimiento. "Compasión" significa que "sufres con". Pues bien, la noción de compasión que tiene el mundo es que sufres por algunas personas, concretamente sufres por los inocentes. No sufres por los torturadores.

¿Cuánta gente siente compasión por los torturadores? Ves todas esas horribles imágenes que salen de las prisiones de Irak y de Guantánamo. ¿Cuánta gente siente pena por los torturadores? Y los torturadores justifican lo que hacen: "Ellos nos lo hicieron primero". ¡Es perfecto! Esta sección es perfecta. Pues bien, esas personas que torturan están tan engañadas y locas de dolor como las personas a las que infligen la tortura. Si no ves eso, no puedes amar como ama Jesús.

Si no puedes amar como ama Jesús, ¿para qué molestarte, puesto que ese es el único amor que existe? Su amor no hace excepciones. Su amor abarca a *todos*: a los torturadores y a los torturados, al opresor y al oprimido, al que maltrata a un niño y al niño que ha sido maltratado, al violador y a las mujeres violadas. Hay que considerar que *todos* libran una dura batalla. De nuevo, como he estado diciendo esta semana, no puedes hacerlo mientras creas que este mundo es real y que el cuerpo es real.

Por eso es tan importante la metafísica de este curso, porque no puedes creer lo que acabo de decir si piensas que los cuerpos son reales, que los cuerpos sufren y que los cuerpos de quienes infligen el sufrimiento no parecen sufrir. De hecho, muchas veces parecen estar pasándoselo bien. No hay más que ver las imágenes de Abu Ghraib. No puedes hacer esto dentro de un marco terrenal porque entonces solo vas a entrar en la negación, y la negación no es una práctica espiritual.

Si intentas practicar estos principios en el nivel del cuerpo, vas a tener que negar como un loco porque vas a tener que negar tu ira cuando tú o la gente con la que te identificas seáis atacados. Tendrás que negar tu amor especial, tu compasión especial y tu bondad especial cuando tu corazón se abra a ciertos grupos de personas que están sufriendo, incluyéndote a ti mismo. Tienes que negar todo eso y hacer creer que no es verdad porque, después de todo, el *Curso* dice que tienes que perdonar a todos.

Antes de practicar el ser amable y compasivo, pídele a Jesús que te ayude a darte cuenta de que no eres un cuerpo y eres una mente, y de que todo el mundo está en la misma mente que tú. Esa afirmación de Platón o Filón: "Sé bondadoso, porque todos aquellos con los que te encuentras están librando una dura batalla", no tiene sentido en un mundo de cuerpos, porque simplemente no parece ser así y nadie se lo cree. Solo tiene sentido cuando reconoces que las diferencias en el mundo reflejan la diferenciación producida por la creencia del ego en la separación: Dios y Su Hijo son diferentes. Esa es la enfermedad. Esa creencia es la fuente de la culpa. Esa es la fuente de la proyección y, por lo tanto, del dolor.

No puedo ser amable si creo que soy un cuerpo

P: ¿Acabas de decir que mientras crea que soy un cuerpo no puedo ser amable? No estoy seguro de haber oído eso.

K: Creo que eso es lo que he dicho.

P: ¡Vaya!

K: No sé si quería decirlo, pero sí, lo he dicho.

P: Ahora siento que…

K: ¿No hay esperanza?

P: Antes tenía esperanza, pero ahora…

K: Bueno, no tienes que preocuparte. El viernes ya pasó, Odea. Los noqueaste hasta matarlos. Fue genial. *Tiene* que ser así, y la esperanza reside en que no tienes que ser capaz de perdonar perfectamente. No tienes que abrazar la bondad porque sabes que no eres un cuerpo. Lo único que tienes que saber es: "*No puedo* ser amable porque sigo pensando que soy un cuerpo". Eso es todo lo que tienes que hacer.

P: ¿Y eso es ser amable contigo mismo?

K: *¡Sí!* Practicas la amabilidad siendo amable contigo mismo por tener todavía pensamientos tan poco amables como el de pensar que eres un cuerpo que intenta ser amable con otro cuerpo. Recuerda, el propósito de este curso no es que lleguemos al segundo peldaño de la escalera, ¡sino que lleguemos hasta arriba y a casa! El propósito de este curso no es que vivamos más felices dentro del sueño, sino despertar del sueño.

La gran dificultad es creer que el sistema de pensamiento del ego es verdad. Y lo que protege esta creencia es creer que el *cuerpo* es verdad y es real. Ese es el doble escudo del olvido del que habla el Libro de ejercicios (L-pI.136.5:2). El escudo exterior es el cuerpo y el mundo, y el escudo interior es el sistema de pensamiento del ego. El mundo protege el sistema de pensamiento del ego, y el sistema de pensamiento del ego nos impide elegir el Amor.

Esto no significa que deba sentirme culpable por seguir pensando que soy un cuerpo. Significa darme cuenta de cuál es mi meta. "Mi meta es aprender que no soy un cuerpo, ascender por la escalera y darme cuenta de que soy una mente". Y luego perdonarte y ser amable contigo mismo porque el miedo es tan grande que todavía te aferras al cuerpo, y todavía insistes tercamente en que Jesús te habla en este curso como cuerpo.

Dite a ti mismo: "Obviamente, me doy cuenta de que no es eso lo que está diciendo, pero aún no estoy preparado para oírlo". Esta es una declaración muy amable y honesta. Esto es todo lo que tienes que decir. No tienes que imponerte nada. Él no te está reprendiendo. Simplemente está señalando que este viaje es largo. No largo porque *él* quiera que sea largo, sino porque tenemos mucho miedo. Nuestra identificación con el cuerpo es tan fuerte porque nuestro miedo a volver a la mente es aún más fuerte. Es útil saber esto. Al menos ahora sé cuál es la batalla. Conozco la dura batalla que estoy librando y que todos los demás están librando también. ¿Seguimos siendo amigos, Odea?

P: Sí, porque esa pequeña parte del final, sobre si estoy siendo amable conmigo misma, ha sido útil... aunque no sepa muy bien lo que has dicho.

K: Claro, claro. [Ken se ríe]. De acuerdo.

P: He tomado nota para saber si lo he entendido bien. "Mientras crea que soy un cuerpo no puedo ser verdaderamente amable, así que seré amable conmigo mismo por pensar que soy un cuerpo, y entonces podré ser amable con todos los demás porque ellos están luchando contra la misma creencia en el ego".

K: Eso está muy bien, sí. ¿Lo ha oído todo el mundo? Él está repitiendo cosas que yo he dicho. Si piensas que eres un cuerpo, no puedes ser verdaderamente amable, pero puedes ser amable contigo mismo por seguir pensando que eres un cuerpo y darte cuenta de que la dura batalla que estás librando es con tu propio miedo. Eso te permite ver que todos los demás están librando la misma dura batalla, porque todos piensan que son un cuerpo. Ya sea un cuerpo atacante o un cuerpo atacado, todo el mundo piensa que es un cuerpo. Todos estamos luchando la misma dura batalla. Así que, de nuevo, quieres tener una visión que contemple a todos como iguales, a pesar de todas las diferencias obvias que nos hacen ser tan diferentes y estar separados unos de otros. En el nivel de la mente, somos iguales.

P: ¿En lugar de verme a mí mismo o a los demás como poco amables, sería amable verme a mí mismo o a los demás como temerosos y asustados?

K: Sí, absolutamente. Una de las secciones que teníamos en la lista era "El juicio del Espíritu Santo" (T-12.I). El juicio del Espíritu Santo es que todo ataque (falta de amabilidad) es una expresión de miedo, y todo miedo es una llamada al amor que ha sido negado (T-12.I.8:13).

P: ¿Nadie en el mundo es cruel?

K: No, pero todos los que están en el mundo tienen miedo. En el mundo, todos vagan en la incertidumbre, la soledad y el miedo constante. Por eso, al final del Texto se dice: "[…] solos, inseguros, y presos del miedo" (T-31.VIII.7:1). Aquí nadie es antipático, pero todos tienen miedo. Esta es la dura batalla, porque estamos librando una batalla que creemos que no podemos ganar, que creemos que ya hemos perdido. Nunca volveremos al Cielo. Nunca volveremos a casa. Sí, eso nivela el campo de juego y nos hace a todos iguales.

Las lecciones del Espíritu Santo (continuación)

Volvamos a la página que estábamos leyendo. Es la introducción a "Las lecciones del Espíritu Santo", capítulo 6, sección V, párrafo 4; ya hemos leído las frases 4 y 5, y ahora viene la 6:

(T-6.V.4:4-7) El Espíritu Santo no hace distinción alguna entre diferentes clases de sueños. Simplemente los hace desaparecer con Su luz. Su luz es siempre la llamada a despertar, no importa lo que hayas estado soñando. No hay nada duradero en los sueños, y el Espíritu Santo, que refulge con la Luz de Dios Mismo, solo habla en nombre de lo que perdura eternamente.

Por eso siempre le pedimos cosas que *no* duran para siempre: plazas de aparcamiento, un cuerpo sano, paz en el mundo, un trabajo mejor, una relación mejor. Esto nos está diciendo que Él solo habla en nombre de lo que dura para siempre, que es el amor. Y el reflejo del amor en este mundo es el perdón; ver a todos como iguales. "No hay nada duradero en los sueños". No sé si estás familiarizado con la Lección 133, que es "No daré valor a lo que no lo tiene". Uno de los criterios importantes que Jesús utiliza para distinguir lo valioso de lo que no tiene valor es que lo que no tiene valor es lo que no dura, y esto incluye todo lo que hay en el mundo (L-pI.133.6). Eso no tiene valor. Lo que realmente tiene valor es lo que perdura. En este mundo, el perdón es lo único que durará, e incluso *él* llega a su fin cuando desaparece en el Amor.

(T-6.V.4:7) **No hay nada duradero en los sueños, y el Espíritu Santo, que refulge con la luz de Dios Mismo, solo habla en nombre de lo que perdura eternamente.**

Cuando discutes con alguien, o alguien quiere discutir contigo, cuando estás en presencia de alguien que te ataca, te insulta, te maltrata, te victimiza, invade tu país —lo que quiera que haga—, solo quieres hablar a favor de lo que es eterno. Cualquier cosa que digas, cualquier cosa que hagas, cualquier comportamiento que tengas quieres que refleje lo que es eterno, porque nada más tiene valor. "Tener razón" en una discusión no tiene ningún valor, pero reflejar el amor que nos une a todos como uno, eso sí lo tiene.

Cuando alguien te ataca, quieres demostrar que ese ataque no ha tenido ningún efecto en ti. El amor que sentiste ayer por esa persona es el mismo que sientes ahora, es el mismo que sentirás mañana. *Nada ha cambiado.* Sabemos que así es como ama alguien como Jesús. Queremos crecer hacia eso; esa clase de amor que no se ve afectado por nada ni por nadie que parezca estar fuera.

Puesto que el Espíritu Santo solo habla a favor de lo que dura para siempre, queremos utilizarlo como modelo. Cada vez que estés a punto de regañar a alguien, ya sea verbalmente, con algún comportamiento, o incluso *pensándolo*, intenta detenerte y decir: "¿Es este el mensaje que quiero darme *a mí mismo*? ¿O quiero darme un mensaje diferente? ¿Quiero reflejar el amor que *no* es de este mundo y que durará para siempre?".

Si ese es el mensaje que te doy *a ti*, obviamente es el mensaje que me estoy dando a mí mismo. Si *no* me lo doy y me enfado, y luego intento justificar mis pensamientos de ataque, lo que estoy diciendo es: "*No* quiero ese mensaje". No solo no quiero dártelo *a ti*; no quiero dármelo *a mí*, porque la Filiación es una. Esto me da una información muy útil.

Eso me está diciendo que hay una parte de mí que no está interesada en este curso. O tal vez me interese los lunes, miércoles y viernes, pero no los martes, jueves y sábados. O estoy interesado en este curso cuando parece funcionar para mí, pero en realidad *no* estoy interesado en lo que este curso enseña porque no lo estoy viviendo; *intencionalmente* no lo estoy viviendo. Esta es otra forma de hablar de qué es la resistencia.

Nos aterroriza el amor y la luz en cuya presencia nuestro yo individual y especial no puede existir. Nos *resistimos* a ellos y nos resistimos a lo que lo simboliza, este curso, la persona de Jesús, o cualquier otra persona. Si tenemos una persona o un sistema de pensamiento como este —que representa para nosotros un amor y un Ser que no son de este mundo, y que por lo tanto deben unir a todos como uno—, entonces esa persona o sistema de pensamiento me producen un miedo tremendo mientras piense que soy un cuerpo, mientras piense que soy un "yo".

Entonces, ¿cómo podría ser amable? Un cuerpo no puede ser amable con otro cuerpo. Sin embargo, un cuerpo puede reflejar —en palabras y acciones— el pensamiento bondadoso que es la Expiación. Eso puede hacerlo. Y puedo ser consciente, puedo aprender, me pueden enseñar a ser consciente de lo *aterrorizado* que estoy de ese amor y, por lo tanto, de esa lección.

No puedo ser amable si creo que soy un "yo"

P: ¿Acabas de decir "no puedo ser amable mientras crea que soy un yo"?

K: Sí.

P: ¡Caramba!

K: Sí, *he dicho* eso.

P: Sigues haciéndolo cada vez más difícil, Ken. Incluso si sé que no soy un cuerpo, sigo pensando que soy un "yo"... bueno, supongo que si pensara que soy un cuerpo...

K: Bien, recuerda que no hay diferencia entre el cuerpo psicológico y el físico; esa diferencia es solo un artificio, algo inventado.

P: Entonces son lo mismo.

K: Sí, lo mismo. Deberías haberte ido ayer, porque ayer te sentías mejor. [Risas].

P: Sí, mientras estoy aquí sentada, mi miedo es cada vez mayor.

K: Sí, sí. [Ken se ríe].

La luz de la relación santa

Lo último que quiero leer es el último párrafo del capítulo 22. Es el último párrafo de la sección "La luz de la relación santa", que también iba en la lista. Es uno de los temas importantes de esta sección, por eso está en la lista. Es la importante distinción entre lo diferente y lo igual. Es exactamente de lo que hemos estado hablando. El ego siempre ve diferencias: tú y tu hermano sois diferentes. El Espíritu Santo ve que todos son lo mismo. Recuerda que esa percepción de *igualdad* es la base de la bondad. Sé bondadoso, porque todos aquellos con los que te encuentras están librando una dura batalla. Es la *misma* batalla. Esto es lo que dice:

(T-22.VI.15:1) La luz que os une brilla a través del universo, y puesto que os une, hace que seáis uno con vuestro Creador.

Esto está muy claro. La luz que te une a ti y a otra persona brilla en todo el universo —toda la Filiación— y, porque brilla en ti y en tu hermano, tú y él sois uno con vuestro Creador y, por lo tanto, uno con el universo, porque Dios solo tiene un Hijo. De nuevo, no puedes ser amable si no crees esto, porque de lo que realmente viene la amabilidad es de darte cuenta: "Sí, tú y yo somos uno". Pero, cuando me atacas o atacas a otras personas, estás diciendo que tú y yo *no* somos uno, por lo tanto, estás equivocado. Acabas de tomar una decisión equivocada y lo has hecho por miedo. Con mi indefensión, que significa mi perdón y mi amor, te estoy demostrando que el hecho de que te hayas equivocado no cambia tu realidad. "No se perdió ni una sola nota del himno celestial" (T-26.V.5:4). No se perdió ni una sola nota de la canción de unidad del Cielo. Tú y yo seguimos siendo uno.

(T-22.VI.15:2) Y en Él [en Dios] **converge toda la Creación.**

Toda la creación unida; las víctimas y los victimarios; el oprimido y el opresor; el torturado y el torturador.

(T-22.VI.15:3) ¿Lamentarías no poder sentir miedo solo, cuando tu relación te puede enseñar que el poder del amor reside en ella, haciendo así que el miedo sea imposible?

Nadie podría temer solo porque el miedo está en todos. Sin embargo, el miedo hace que estemos solos. Es una especie de paradoja. El miedo está en todos nosotros porque compartimos el mismo sistema del ego. Pero cuando elijo tener miedo, estoy eligiendo una percepción errónea de que tú y yo estamos separados, y *no* somos iguales. Ahora bien, el hecho es que en nosotros no solo hay el mismo miedo (el miedo que intenta separar), sino que también hay amor. Todos tenemos la misma mente correcta y *eso* es lo que nos une. Y, por supuesto, en ese amor el miedo es imposible. "El amor perfecto expulsa el miedo" (T-1.VI.5:4).

(T-22.VI.15:4-5) No intentes conservar un poco del ego junto con este regalo. Pues se te dio para que lo usaras, no para que lo ocultases.

El amor especial es un intento de conservar un poco de ese don de amor. Pero, por supuesto, cuando el ego ama a su manera, separa. "Te amo por lo que puedes hacer por mí". Todo gira en torno a la separación.

(T-22.VI.15:6) Aquello que te enseña que no os podéis separar niega al ego.

Por lo tanto, si quiero enseñarte que no eres un ego, solo podría hacerlo diciendo: "Yo tampoco soy un ego, y tú y yo no estamos separados". Cuando no te enseño de esta manera, cuando te señalo con el dedo, te reprendo, te hago sentir culpable y te enumero todos tus pecados, te estoy diciendo: "Tú y yo somos diferentes porque mira lo que me has hecho, y estoy herido. Has herido mis sentimientos y ahí están los efectos de lo que has hecho. Estoy diciendo que tú y yo estamos separados". "Lo que te enseña que no puedes separarte niega el ego". Y finalmente:

(T-22.VI.15:7) Deja que la verdad decida si tú y tu hermano sois diferentes o iguales, y que te enseñe cuál de estas dos posibilidades es verdad.

Esto es lo esencial. El Espíritu Santo, como nuestro Maestro, nos enseñará que somos iguales, no diferentes. Nuestro otro maestro nos enseñará que *no* somos iguales; *somos* diferentes. El sufrimiento, el dolor, el ataque, las caras de inocencia y los contraataques justificados están diseñados para probar que somos diferentes. Si tú y yo somos diferentes es porque Dios y yo también lo somos, y eso es lo que el ego quiere demostrar.

Por otro lado, si tú y yo somos iguales, y tus aparentes ataques no han tenido ningún efecto en mí (porque tú y yo somos iguales en la *mente*, no en los cuerpos), entonces estoy diciendo que Dios y Su Hijo también son lo mismo. Nada ha cambiado. "No se perdió ni una sola nota del himno celestial" (T-26.V.5:4). La canción de la Unidad perfecta continúa. Podríamos reflejar esa canción olvidada cada vez que sintamos la tentación de ser crueles, intentando justificarlo diciendo que el otro fue cruel primero.

Hay una línea muy importante cerca del final de "La 'dinámica' del ego", en el capítulo 11: "Si [tu hermano] no te habla de Cristo, es que tú no le hablaste de Cristo a él" (T-11.V.18:6). Si percibes que él no es amable contigo, es solo porque en primer lugar tú no fuiste amable con él. Luego, en un intento de negar tu culpabilidad por ese ataque, lo proyectas afuera y dices, "No, tú fuiste cruel conmigo primero, y yo soy la cara de la inocencia. Yo era todo amor, dulzura, luz, bondad y alegría hasta que dijiste lo que dijiste, y ahora tienes lo que te espera. Te lo mereces".

Así que lo esencial es darse cuenta de que la fuente de toda verdadera bondad es la percepción de que *todo el mundo* está librando la misma dura batalla de su ego, creyendo desesperadamente que la perderá. Nuestra responsabilidad (porque eso es lo que queremos aprender y eso es lo que Jesús representa para nosotros) es mostrar que no vamos a perder la batalla. De hecho, ya la hemos ganado. Esto es lo que significa que la resurrección ya ha ocurrido en nosotros. La batalla ya ha terminado. Simplemente lo hemos olvidado. Lo que queremos hacer más que nada en el mundo es aprender, enseñar y demostrar que esta batalla ha terminado porque todos somos lo mismo, y así es como aprendemos a ser bondadosos.